# 菁英必備的觀察力

任性出版

觀察力專業培訓顧問公司總經理
小倉仁志——著
Kagome——譯

**哪裡相同、哪裡不同？**
**看位置、頻率、方向、細節，**
觀察力提升，立刻成為解決問題高手，
交代事情對方秒懂。

「秒」で伝える「観察力×表現力」を鍛える100のレッスン

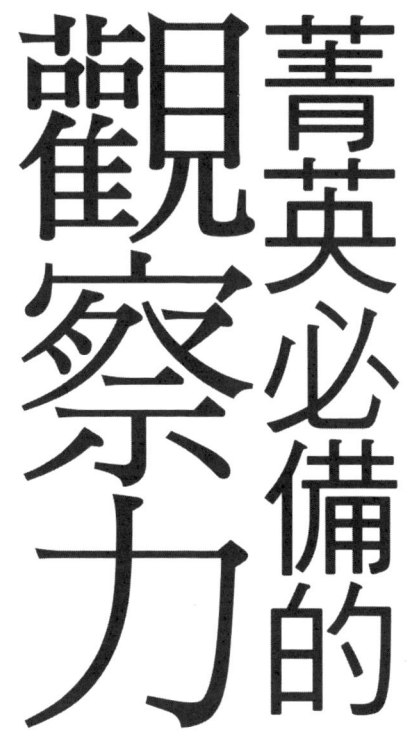

目錄

推薦序一

# 先精準的觀察，就能更清晰表達

溝通表達培訓師／張忘形

我們在表達時，往往會為了求快而省略一些內容。例如，很多人會說：「你去把昨天那個拿來。」這時聽者或許會一頭霧水，而說者可能還會生氣質疑：「就是那個，我們昨天不是一起處理嗎？你怎麼會不知道？」

就像本書一開始提到工頭與年輕工人對話的例子，工頭因為指示不明確，導致年輕工人誤解。而這本書談的是觀察力，**想告訴我們如何觀察後再表達，有助於避免誤會發生**。因此，書中提供許多看圖練習表達的訓練，並提出容易被誤解與訂正後的例句，引導讀者思考，如何在日常生活與工作中調整說法。

我覺得最棒的是，書裡教的內容都很重要，卻不會難以實踐。例如，有個例子是媽媽想請孩子把魚放進冰箱，所以對孩子說：「把這個放進冰箱。」但他可能不清楚該放冷藏室還是冷凍庫。作者提醒讀者要留意對方「所看到」的狀態，把這句話調整成：「麻煩你把魚放進冰箱的冷凍庫。」對方執行時就不容易出錯。

另外，我也很喜歡書裡提到的「逐幀表達」，指把每一個動作和變化都仔細的描述出來，就像逐幀動畫，將不同的圖像連續播放後串成一段影片。書中也有許多範例，例如，只說「有人受傷了」，聽者難以想像畫面，建議改成更完整的敘述：「他要處理木板背面釘子突出的地方，正打算把木板拿起來時，一不注意右手就被釘子刺到。」這樣別人一聽就懂。

書中的訓練方法，**有助於提升我們對細節的關注度**，使我們和他人溝通時，不會只說：「你這個內容不行，去重寫。」這樣對方無法掌握到哪裡出問題；而是應該改為：「某一頁內容提到ＸＸ的情況，但客戶需要的是ＯＯ，你要往這個方向調整。」**先精準的觀察，我們就能更清晰表達**，無論在職場上溝通、開會或報告，還是在日常生活中與他人交流，都會因此變得更好推行。

另外，觀察力與邏輯思考力同樣密不可分。**好的觀察力，讓我們能蒐集更多訊**

**息，而邏輯思考力則幫我們分析這些訊息並做出準確的判斷**。本書不僅傳授觀察技巧，也說明如何提升表達力和邏輯思考力。我邀請你一起來閱讀這本書，同時訓練這三種能力，以減少溝通上的誤會，並迅速解決各種問題。

推薦序二

# 透過一百零三張情境圖，練習觀察與表達

出色溝通力教練／莊舒涵（卡姊）

我有次和朋友到一家餐廳用餐，老闆說：「內用自己畫單子，外帶直接跟我說就好。」我們拿著單子找座位坐下後，以畫正字記號的方式，在菜單上的鐵板麵和鮭魚沙拉旁各標記了一橫、在濃湯旁標記了一橫一豎。我把菜單交給老闆後，他對我說：「下次寫數字，這樣寫很容易看錯。」

因為我常受邀到企業分享如何做好顧客服務，所以當下我很想化身成教練，跟老闆說他可以怎麼說和怎麼做，才能讓顧客迅速了解店家習慣的做法，並留下好印象。但畢竟餐點還沒送上來，我實在不敢貿然行動。

最後，我還是沒把想給老闆的建議說出口。其實，他可以在顧客一進餐廳時就

先說：「內用請自己畫單子，點餐的數量幫我用阿拉伯數字寫，外帶請直接跟我說就好。」這樣傳達便清楚多了。

隔沒幾週我又到同一家餐廳用餐，並依舊用正字記號標記數量，於是將菜單交給老闆時又被唸了一下。但我也不是常客，很難隨時記住老闆的要求。

因此，我在讀這本書時，一直頻頻點頭稱是，有時也會突然被點醒，思考遇到類似的情境時，應該如何觀察後再開口。

**本書透過一百零三張情境圖，來說明如何先觀察再精準表達。**作者將書中內容分成八章，分析怎麼察看，可以蒐集到更具體、更明確的訊息，再將這些資訊傳達給他人。

我在此舉兩個常見的例子。如果只說：「我來不及了。」聽者難以理解是因為什麼事來不及？這句話可改成：「我原本週三要給你的報告，來不及給你了。」

談論異常狀況時，只說：「你的卡有問題。」會讓聽者摸不著頭緒；先仔細觀察實際狀況，再確切的轉達、具體說出發生了什麼事：「你的信用卡無法扣款成功。」對方一聽就能掌握問題出在哪裡。

本書是工具書、同時也是練習題。跟著作者訓練觀察力，並將容易被誤會的說法調整為精準表達——不斷如此練習後，相信你的表達力一定會進步。

# 前言
# 觀察敏銳的人，表達力相對強

你想表達的訊息真有精確傳達給對方嗎？只要表達稍微不同，就會改變對方對事情的看法。

以下是發生在施工現場的情況——

工頭對年輕工人說：「幫我切斷電源。」結果年輕工人卻剪斷電源線。

其實，工頭真正想傳達的是「關掉電源」，卻用「切斷」來表達，導致工人誤解，因而把電線剪斷。

向對方傳達訊息時牽涉到多種因素，包含你當下的狀態、舉動，甚至是你希望對方做的動作，又或者你自身的判斷、現下的感受。

尤其是如何將狀態或舉動，按照自己所想的傳遞給對方，「表達力」好不好就成了關鍵！

表達太過粗略，或是使用容易讓人誤解的詞彙，就沒辦法準確傳達訊息給對方。因此，為了讓彼此溝通順暢，優秀的「表達力」不可或缺。

## 明明物體在眼前，卻沒看到關鍵點

根據我的經驗，許多善於觀察的人，精準描述狀態或舉動的能力，也就是表達能力也很強。換言之，擅長表達的人，代表他對事物能觀察入微；而走馬看花的人，表達能力相對就弱了。

有趣的是，**觀察力一旦提升，表達力也會變得精確**；反之，鍛鍊表達力，觀察力自然也會增強。

例如觀賞棒球比賽，對於單純看投手投球的觀眾來說，他們只能看出「投手正在對著捕手投球」，但是懂得仔細觀察投球方式的人，卻能說出投手正在投曲球、

滑球、指叉球等球路。而不常看棒球賽的人，一旦知曉這類棒球專用術語和解釋，自然而然就能夠辨識投手正在投擲哪種球。

以下情況在日常生活中也很常見。看到椅腳斷掉的太郎打電話對一郎說：「椅腳斷了。」一郎則在電話中反問他：「椅腳哪裡斷了？」太郎便重新觀察椅腳，回答：「椅腳從接縫處斷了。」一郎再接著問：「從接縫處斷掉的椅腳有幾隻？」太郎便更具體的回應：「有一隻椅腳從接縫處斷掉了。」

明明物體就在眼前，人們好似看到，卻沒有瞧見關鍵點。

走馬看花的人形容一個人的姿勢「不穩定」，觀察入微的人則會描述那個人「正用一隻腳支撐著他的身體」。

## 即時掌握所見，還要精準表達

只看到表面的人會使用模糊的詞彙，仔細觀察的人則會精準用詞、描述眼前的狀態。

因此，**「觀察」與「表達」具有相輔相成的關係。**

本書是企盼引導讀者如何透過文字，清楚捕捉我們無意間看到的物體或情況，以提升自己的觀察力，同時也提升表達力的實驗性書籍。

如果需要花很多時間來描述你所看到的事物，就沒辦法應用在實際的溝通中；即時掌握你所見並準確表達，才能成為訓練觀察力和表達力的起點。

接著，請看上面這張圖，你會如何表達？

**「鑰匙轉不開！」**

單就這樣簡單一句，很顯然描述得還不夠，對方根本無法理解相關情境。

精確一些的描述會是：

**「我試著用鑰匙轉開○○家門的鑰匙孔，卻完全轉不開。」**

如果這時你確定鑰匙有插進鑰匙孔的話，可以說：**「就算我把鑰匙插進○○家門的鑰匙孔裡，還是完全轉不開。」**

鑰匙轉不開，必須加上說

明鑰匙是插在鑰匙孔的狀態，或是鑰匙確實插進鑰匙孔深處等條件；而要把「轉不開」的情況更精準表達的話，可以加強語氣，像是「完全轉不了」。

## 別人所見跟你看到的一樣嗎？

依據你傳達的內容，會決定對方理解狀況的準確度。

除此之外，如果沒有詳細補充周遭情況等前後條件的話，這就是造成對方聽不懂的常見原因。

要把你所看到的傳達給對方，就得表達得讓對方腦中浮現的畫面跟你一樣。

在沒有數位相機或智慧型手機的時代，工作中需要開會報告前，得自己先畫出機器或商品圖片；而如果沒有仔細觀察機器或商品設備的話，就沒有辦法完成出色的簡報內容。

如今隨著時代進步，數位相機和智慧型手機逐漸普及，為了讓工作更有效率，人們透過拍照把商品照片加進在簡報裡，很少人會花時間去畫機器或商品圖。

如此一來，卻減弱人們對物品的觀察能力和繪圖能力，跟以前相比甚遠。

甚至隨著現今ＡＩ（人工智慧）崛起，類似的情況也會不時發生。

假設我現在要寫一篇文章給他人，為了不讓對方誤解，我得不斷推敲、嘗試錯誤。想要精準的寫出文章，就必須更確實的把現在的情況和狀態表達出來。

一旦ＡＩ應用越來越普遍，面對犯錯的機率也會消失。不過這也造成人們的表達能力日漸衰退，同時觀察事物和理解能力越來越不

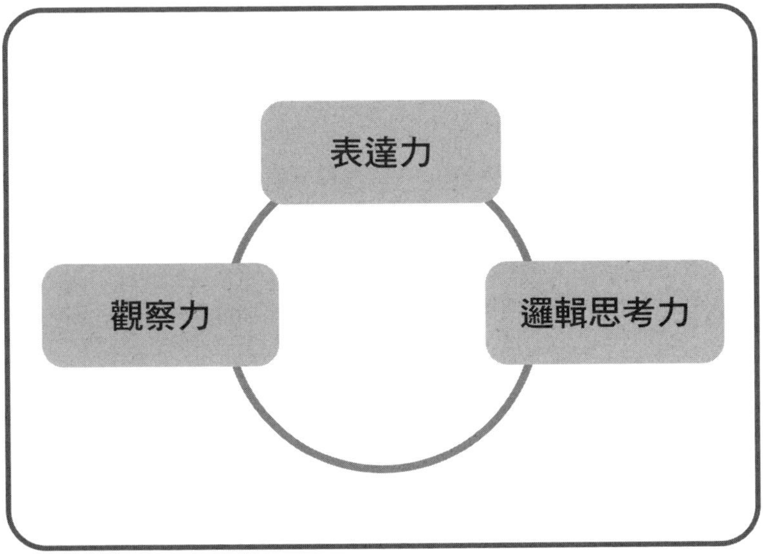


▲觀察力、表達力、邏輯思考力，三者缺一不可！

好，甚至連思考能力也會逐漸降低。

為了不讓上述情況發生，我們平常就得維持甚或提升觀察力和表達力。

另外重要的是，我們會透過文字想像各種事物，一旦用字遣詞稍有錯誤，就會引起不必要的想像，或是把事情導向錯誤的方向發展。所以，像是特別需要邏輯思考的情況，文字的準確度就越重要。換句話說，提升你的表達力，也會影響你的邏輯思考力。

我認為，每個人都需要具備觀察力、表達力、邏輯思考力，三者缺一不可！

第一章

# 為什麼他一開口，你腦中就有畫面出現？

你能只用文字，描述眼前的情況給對方知道嗎？

接下來，請看著圖片，思考如何運用文字表達圖片的內容與狀況。

## 觀察力訓練 01

**X 拿不到橘子。**

**O 他踮腳、伸手，還是拿不到橘子。**

請看下圖，並用文字表達情境。

**「拿不到橘子。」**

很顯然這是根據次郎的角度所描述的狀況。但次郎表達自身的舉動，以及由第三者看著次郎動作來形容的文字表現，當然也會不一樣。

通常向他人傳達圖片的內容，並不是要你站在次郎的角度，而是作為一個第三者來觀察才行。

首先，**試著描述包含次郎的情境要素**，會是：

「次郎正在踮腳、伸展他的身體。」

「次郎正伸手打算摘下樹上的橘子。」

「他伸出的雙手碰不到橘子。」

如果彙整以上三句話，描述如下：

**「次郎正踮腳並伸出他的雙手，打算摘下樹上的橘子，但是他的手碰不到。」**

切記！表達方式會根據觀點而不同。假設不是以人，而是以橘子為主詞來表現的話，就會變成：

**「橘子長在就算次郎踮起腳尖、伸出雙手也碰不到的位置。」**

觀察力訓練 02

## X 已經交棒了。
## O 五郎從次郎手中接到接力棒 。

下圖又該如何表達？

**「已經交棒了。」**

一看就知道這句話缺少一些描述，所以是不合格的表達。問題在於誰交棒給誰？從圖片來看，這句話加上「次郎交棒給五郎」，便形成完整的句子：

**「次郎已經交棒給下一位跑者五郎。」**

你必須注意到這張圖片有次郎、五郎、接力棒，總共三個主詞。若是依照每個主詞來表現的話，又會如何？

**「次郎已經把接力棒交給五郎。」**

**「五郎從次郎的手中拿到了接力棒。」**

**「接力棒已經從次郎的手中轉交到五郎手上。」**

選擇哪個名詞當主詞，取決於以誰的立場來表現比較好，或你想從哪個角度傳達內容。

## 觀察力訓練 03

**X 飲料罐被拿走了。**

**O 次郎搶先太郎拿走桌上的飲料罐。**

以誰當主詞來表達，是根據你想傳達什麼內容給對方來決定。下面這張圖，你會怎麼描述、傳達意思？

**「飲料罐被拿走了。」**

這句話只表達一部分的狀態。首先，最重要的是決定主詞。圖片中有兩個人物，必須先決定主詞是太郎還是次郎，接著判斷「飲料罐被拿走」是以太郎為主詞的文字表達。為了讓這句話更好理解，再加上主詞描述如下：

**「太郎想拿桌上的飲料罐，卻被次郎拿走了。」**

反之，若以次郎為主詞的話：

**「次郎比太郎早一步拿走桌上的飲料罐。」**

兩個人以上的情境描述，最重要的是決定誰當主詞。

決定由誰當主詞，就是指以某個人的角度來表達眼前狀態。也就是說，**主詞是根據你想從誰的視角，或是哪一個角度表達來決定**。

觀察力訓練 04

## X 鳥在瞄準魚。
## O 鳥正朝湖中魚的方向急速俯衝。

針對下圖，你認為該以誰當主詞來描述圖片情境？

**「鳥正瞄準魚！」**

從右圖可以看出鳥正在瞄準魚，但這句話沒有個別提到鳥和魚的動作，會導致對方無法理解這張圖的狀況。

因此，首先要個別描繪牠們的動作，譬如「鳥正朝著湖水中游動的魚的方向急速下降」、「魚在湖水中游動」，若是以鳥為主詞來表現的話，會是：

**「鳥正朝湖中魚的方向急速俯衝。」**

相反的，如果是魚當主詞的話，則是：

**「在湖水中游動的魚，不知道此時有隻鳥正朝著自己的方向急速下降。」**

當出現兩個對象時，**先決定誰當主詞，再來表述雙方的動作會比較好**。

觀察力訓練 05

## X 被狗追著跑。
## O 太郎被狗追著跑 。

思考主詞非常重要。

**「被狗追著跑。」**

這是很常見的一句話，卻因為沒有主詞，我當然會給這樣的表達不及格。不過，它也不是單純加上主詞就能解決的問題。

就這張圖來看，必須思考要以太郎或狗來當主詞，表達的狀況也會完全不一樣。若以太郎當主詞來描述，句子加上主詞太郎，整句話就會是：

**「太郎被狗追著跑。」**

反之，以狗為主詞來表現，把狗當成主詞，句子就變成：

**「狗正在追著太郎跑。」**

句子加上主詞，也就是以主詞為中心來表現。如果有兩個以上的對象，就必須決定由誰來當主詞。

一般人講話沒提到主詞是很常見的情況，只說：「寄錯商品。」很明顯這樣就是缺少主詞。必須加上主詞，對方才能明白你想傳達的重點是什麼。如果主要想傳達的主詞是人，就說：「承辦人員寄錯商品。」若是以物品為主詞，會說：「錯誤的商品被寄過來了。」

觀察力訓練 06

## 誰當主詞，決定你要傳達的是行為還是狀態。

下面這張圖又該如何表達？請個別描述以人或以咖啡為主詞的狀況。

**・人是主詞↓（人）倒入牛奶攪拌。**

**・咖啡是主詞↓咖啡裡面摻合牛奶。**

以人為主詞來表達，會用「攪拌、混合」等動詞；若咖啡是主詞，則會用「摻合」等動詞。也就是說，**主詞替換了，一句話的表達也會隨之不同。**前面句子更詳細的描述會是：

**・人是主詞↓「（人）在咖啡裡倒進牛奶並用湯匙攪拌。」**

**・咖啡是主詞↓「倒進咖啡的牛奶跟咖啡摻合在一起。」**

委託或告訴他人的時候，會以人為主詞，以句子「在咖啡裡倒進牛奶並用湯匙攪拌」來描述人的「行為」。

若想要表達那個時間點的「狀態」，句子可以改成：「倒進咖啡的牛奶跟咖啡摻合在一起。」這是以咖啡為主詞的表達。

**以誰為主詞，可以決定你要傳達的是行為還是狀態。**

觀察力訓練 07

## X 投手投球。
## O 投手奮力把球精準的投給捕手。

描述某個動作時，必須意識到當下的「速度」。請看下圖，你會用什麼詞彙來表達？

**「投手投球。」**

這句話只提到投手和球，描述得還不夠，是不及格的表達。

首先，從圖片裡可以獲知兩點：「有投手和捕手」、「就捕手位在壘包的位置來看，他可以準確的接到球」。

由此可知，以投手當主詞來描述這張圖，會是「投手努力把球精準的投給捕手」。還可以加上球速、強度的形容，讓這句話變得更具體，例如：

**「投手奮力把球精準的投給捕手。」**

如果把主詞從投手改成捕手，甚或是換成球當主詞來描述的話：

**「捕手在就定位的壘包上，接住投手用力投過來的球。」**

**「投手奮力投出的球，飛到了捕手的壘包位置。」**

以上兩個例句不只是交換主詞，還提到了動作的強度和速度，傳達效果因而提升不少。

觀察力訓練 08

## X 想伸手拿球。
## O 一郎跪在車旁，彎身向前並伸手到車底下想拿出球。

運用下圖兩個主詞來組合句子，你會怎麼表達？

**「想伸手拿球。」**

光這句話沒辦法得知一郎是在哪裡、用什麼姿勢拿球。

首先從這張圖可以得知：

「一郎想拿的球在車底下。」

「一郎跪在地板上，彎著身軀並伸出手。」

把這兩句話當中出現的一郎視為主詞來表現的話，會是：「**一郎想拿出在車底下的球。**」進而描述一郎的姿勢，這句話就會變成：「**一郎跪在車旁，彎身向前並伸手到車底下想拿出球。**」

若不用一郎，改成球當主詞的話，可以這樣形容：「**車底下有一顆球。**」把這句話跟描述一郎姿勢的句子組合在一起，就變成：「**一郎跪在車旁，彎身向前並伸手到車底下，而在車底下的是一顆球。**」

## 觀察力訓練 09

## X 相撲選手推倒五郎。
## O 相撲選手坐在臥倒在地的五郎背上。

你會如何描述下面這張圖？

**「相撲選手推倒五郎。」**

這句話實在很難讓人聯想到畫面情境。但是，要同時表達兩個人的姿勢確實非常困難。

所以，我們先把相撲選手和五郎的姿勢分開來表達：「相撲選手坐在五郎背上。」、「五郎臥倒在地上。」

再把這兩句話組合起來，就變成：**「相撲選手坐在臥倒在地的五郎背上。」**

如果碰上像這樣很難同時表達的情況，你可以**先試著個別描述彼此的狀態，再把句子組合在一起。**

先將登場人物或物品分別形容之後再組合，如此一來，**對方才能透過你的文字表達，聯想同一個場景、畫面。**

## 觀察力訓練 10

**X 螞蟻脫離隊伍。**

**O 有一隻螞蟻脫離隊伍，正往反方向的右側前進。**

這張圖該如何表達才合適？

**「螞蟻脫離隊伍。」**

我認為這句話需要更細膩的描述，對方才能聽懂並想像出跟圖片一樣的畫面。同樣的，先嘗試整理出各個動作——「有一隻螞蟻離開隊伍。」、「脫離隊伍的螞蟻正往反方向的右側前進。」、「螞蟻離隊伍越來越遠。」

將以上三句組合起來，進一步描述如下：**「有一隻螞蟻脫離隊伍，正往反方向的右側前進。」**

描述生物的動作時，需要**快速確認牠們的數量、各自的動作、行動的方向、距離、速度等，人們想知道的是包含以上這些要素組合起來的內容。**以生物的動作為基礎思考時，行為舉止或方向、距離、速度，都能成為重要的關鍵。

即使是「小狗往飼主的方向前進」這種句子，也可以同樣將重要的關鍵字組合起來，變成「小狗往飼主的方向直奔」。

## 觀察力訓練 11

**X 一郎摔倒了。**

**O 一郎拔出蘿蔔的瞬間，他的屁股往後著地。**

一起思考，該如何生動的描述圖片中的動作。

首先將視線聚焦在一郎身上，你可能會說：「**一郎摔倒了。**」但我希望「摔倒」一詞能有更準確的表達方式。

例如，用「屁股著地」做更具體的形容。同樣是摔倒，也有分往前摔或往後摔，不論是哪一種，最好能加上「屁股著地」來展現動態感。

所以這張圖可以這麼描述：「**一郎拔出蘿蔔的瞬間，屁股往後著地。**」還可以加上施力的方式，像是「**一郎拔出蘿蔔的瞬間，（拔出蘿蔔後）反作用力使他的屁股往後著地。**」

**描述動作時，除了前述的數量、動作方式、方向、距離、速度以外，時間點和力氣的方向、施力點等也是重要的關鍵。**

譬如，以「用力的從正上方按下開關」來描述按下開關的動作。

## 觀察力訓練 12

**X 太郎回頭看。**

**O 太郎轉頭，看向背後草叢發出聲音的地方。**

你會如何以文字表達這張圖的情境？

**「太郎回頭看。」**

這句話只描述了太郎的動作，情境說明顯得模稜兩可。

那麼該如何是好？只要把太郎回頭看的方向具體描述出來就好，這樣一來，就能跟對方清楚交代狀況。

「太郎背後的草叢發出簌簌聲響。」

「他轉頭往發出聲音的方向看。」

根據以上兩句話可以表達：「**太郎轉頭，看向背後草叢發出聲音的地方。**」

不過這句話只描述當下的時間點，還有其他可以表達的方式。例如，先說明太郎往後看的原因之後，再描述他的動作。

「**由於背後的草叢發出聲響，所以太郎回頭看了草叢。**」如此一來，也能把時間的經過傳達給對方。

請特別注意你要描述的是某個時間點，還是一段時間的變化，這兩者的表達方式不太一樣。

## 觀察力訓練 13

### X 球撞破玻璃。
### O 太郎把球踢往牆壁，反彈到對面，撞碎了玻璃。

描述某個動作時，必須注意時間軸順序。下面這張圖，你會如何表述？

**「球撞破玻璃。」**

雖然這樣說乍看沒問題，卻只描述了圖片當中一個部分。

為了更精確傳達圖片的內容給對方，必須加上時間的前後順序來表達。

就這張圖片來看，按照時間順序可分別陳述：

「太郎踢了球。」、「他踢出的那顆球撞向牆壁，又反彈出去。」、「反彈的球朝牆壁反方向前進，往玻璃飛過去。」、「球撞到玻璃。」、「玻璃碎裂了。」

再將上述的句子組合如下：

**「太郎把球踢往牆壁，反彈到對面，導致玻璃碎裂了。」**

如果只捕捉某個時間點，而且僅描述最後的結果（狀態），那麼句子就會是簡單的「玻璃碎裂了」。

## 觀察力訓練 14

**X 油漬沾到衣服了。**

**O 我在炒菜時，鍋裡的油漬濺到身上，沾到了衣服。**

再看看下圖可以如何表述。

**「油漬沾到衣服了。」**

如果只描述最後的結果，對方應該能聽懂。但是在什麼時間點、怎麼沾到油漬的，句子裡完全沒有提到。

希望你能進一步根據時間，做更仔細的表達。

因此，我們按照時間軸來描述這張圖的情境：

「用炒菜鍋炒菜」、「炒菜鍋裡的油往自己的方向噴了過來」、「油沾到了衣服」。

關鍵點在於，要像看影片般的寫出一格一格的畫面，並按照時間順序把以上三句話組合起來：**「我在炒菜時，鍋裡的油漬濺到身上，沾到了衣服。」**

表達事情時，除了最後的結果以外，必須像影片裡每一格的畫面般，清楚描述時間的順序。接下來，我會再繼續說明類似的情境表達。

## 觀察力訓練 15

**X 青蛙跳了起來。**

**O 蛇打算吃掉青蛙，但青蛙在快被吃掉的前一刻跳出，成功脫逃。**

下圖也需要留意時間軸的順序。

假設我們只把目光集中在青蛙瞬間跳起的動作，可以「**青蛙跳了起來**」這樣的句子表達。但這麼一來，不但沒提到蛇的存在，狀況也沒有完整呈現。

描述兩個以上的物體時，需要注意動作發生的時間順序，**這時最適合使用「逐幀表達」**（按：有如定格動畫，將每張不同的圖像連續播放，產生動畫效果），**也就是像影片一格一格的播放畫面般來描述。**

右頁插圖若使用逐幀表達，就會是——「蛇打算吃掉青蛙。」、「青蛙在蛇要吃牠的前一刻瞬間跳出去，成功脫逃了。」

接下來把這兩句話組合成以下：

**「蛇打算吃掉青蛙，但青蛙在快被吃掉的前一刻跳出，成功脫逃。」**

解讀蛇和青蛙各自的動作，同時也留意像影片逐幀播放一樣來組合句子。這麼一來，就能表達這兩者之間的動作有著什麼樣的關係。

細分出時間，按照前後的動作順序來描述，這就稱為「逐幀表達」。

觀察力訓練 16

## X 褲子被水弄溼。
## O 車子駛過次郎身旁，濺起水花，弄溼了次郎的褲子。

請按照動作的順序來描述。

**「褲子被水弄溼。」**

前面這句描述只能知道褲子的狀態。

先試著把圖片當中可獲知的訊息寫出來：

「正在走路的次郎旁邊，有一輛車駛過。」

「車輛輾壓過水坑。」

「車子行經水坑的瞬間，水花往次郎飛濺過去。」

「飛濺的水花弄溼了次郎的褲子。」

再將以上四句話組合起來：

**「有一輛車駛過正在走路的次郎身旁，輾壓過水坑，造成水花四濺，弄溼了次郎的褲子。」**

這句話描述了車子、水花、次郎三者之間的關係。

那麼，如果是以飛濺到褲子的「水花」為主詞，可以說：「**車子輾壓過水坑飛濺出去的水花，弄溼了太郎的褲子。**」描述動作時，除了用逐幀畫面表達之外，還可以把其中一個有動作的人或物體當成主詞來表達。

我們繼續複習逐幀表達，舉例說明：

**「太郎摔倒了。」**

這是影片裡其中一格、也是最後一格畫面。如果只把影片最後一格畫面表達給他人的話，對方肯定無法理解太郎到底發生了什麼狀況。

因此要把「跌倒」之前的所有時間經過，以一格一格的畫面播放來看——「正在走路的太郎前方，有一顆小石頭」、「太郎被小石頭絆倒」、「太郎失去平衡」、「太郎往前摔倒」。

接著將前面四句話，用一句話來表達：

**「正在走路的太郎被小石頭絆倒，害他失去平衡往前摔倒。」**

這就是「逐幀表達」。為了讓對方理解，不僅要傳達最後一格的畫面（太郎跌倒），也要將從頭到尾所有畫面的過程，按照時間順序一格一格的表達出來。

使用逐幀表達時，最重要的是，**絕對不能省略其中一個畫面**。例如下面這句話就省略了一格畫面：「**木板背面的釘子突出，太郎的右手被釘子刺到。**」

如此一來，只能知道太郎是被木板的釘子刺到，卻無法得知太郎是怎麼被釘子刺到的。因此，需要再補充以下兩句說明：

「太郎要修補釘子突出的部分。」

「他打算把木板拿起來。」

整句話就能調整為：「**太郎要修補木板背面釘子突出的地方，正打算把木板拿起來的時候，一不注意右手被釘子刺到。**」

切記！「逐幀表達」不可跳過其中一格畫面，必須仔細、逐一表達才行。

## 觀察力訓練 17

**X 打算拿飲料罐。**

**O 五郎坐在椅子上，伸手想拿放在桌上遠處的飲料罐。**

下面這張圖可以怎麼表達？

**「打算拿飲料罐。」**

若想描述圖中人物的行為，光這樣形容是不夠的。重點在於，他是在何種狀況下、以什麼姿勢想拿飲料罐。

就這張圖來看，必須將五郎的動作描述出來，例如：

「他正坐在桌前的椅子上。」

「他使盡全力的伸出手。」

再者，必須提到飲料罐的位置。把五郎的姿勢和飲料罐的位置加進句子會變成：**「五郎坐在椅子上，使盡全力伸手想拿放在桌上遠處的飲料罐。」**

這句話表達了五郎的行為。若要進一步強調他的姿勢：**「五郎想拿桌上遠處的飲料罐，所以他坐在椅子上使盡全力伸出手。」**

一般在描述人物姿態時，大都會用「不穩定」或「誇張」的姿勢來形容，但上述兩句話並沒有具體點出不穩定或是怎麼樣的肢體動作。因此，使用踮起腳尖、向前探身、往後仰等具體描述非常重要。

觀察力訓練 18

## X 太郎的腳踩偏。
## O 太郎踏上樓梯第一階時，腳踩偏。

下面這張圖又該如何描述？

**「太郎的腳踩偏。」**

由於沒寫到「在哪裡踩偏」，這句話連及格分數都拿不到。

即使加上場所：**「太郎在走樓梯時，腳踩偏。」**還是拿不到六十分。

因為沒有寫清楚是在第一階踩偏？還是走到樓梯一半？或者最上層的階梯？

**「太郎在踏上樓梯第一階時，腳踩偏。」**

至少要這麼傳達，對方的腦海中才會浮現同樣的畫面，這樣才算及格。

只用文字描述自己所看到的畫面時，必須留意是否準確掌握物體的任何部位。

每個人多少都有過受傷的經驗，譬如撞到腳、切到手等等。許多人在受傷當下說的第一句話，因為想先表達自己的手、腳等身體部位哪裡有狀況，大多會漏掉說明「在哪裡」受傷。

儘管如此，希望你以後能先冷靜下來，更詳細的描述當下狀況才好。

## 觀察力訓練 19

**X 兔子正在彈跳。**
**O 兔子在草原上以 Z 字型左右彈跳，往樹林方向前進。**

你會如何描述下圖這隻兔子的狀態？

**「兔子正在彈跳。」**

這樣的描述只讓人知道兔子正在跳躍。如果想更詳細表達兔子的動態，可以加上兔子彈跳的路線、前進的方向。

從圖中可以知道：

「兔子在草原上以Z字型左右彈跳。」

「兔子往樹林的方向前進。」

將上述兩句組合起來表達：**「兔子在草原上以Z字型左右彈跳，並往樹林的方向前進。」**

描述動作時，需要注意句子裡是否具有以下兩點：

- 動作方式。
- 方向。

觀察力訓練 **20**

**X 垃圾沒丟進垃圾桶裡。**
**O 從垃圾桶正上方丟下的垃圾碰到邊緣、掉到桶外，沒有進到桶裡。**

下面這張圖希望能根據物體的動向來表達。

**「垃圾沒丟進垃圾桶裡。」**

從這句話可以知道結果，但無法讓對方腦海中浮現同樣的畫面。為了讓對方理解狀況，我們必須更確切描述垃圾的動向。

「我並不是從遠處扔垃圾，而是從垃圾桶的正上方丟下去。」

「垃圾碰到了垃圾桶的邊緣。」

「垃圾沒有進到垃圾桶裡。」

精確形容垃圾其動向的動詞有：丟、碰、沒進。

將這三個動詞放進句子裡，也就是上述三句組合成一句話來描述：「**從垃圾桶正上方丟下的垃圾碰到邊緣、掉到桶外，沒有進到桶裡。**」假若你覺得用一句話描述三個動詞很難，可以像以下兩句話一樣，有如影片一格一格的分開表達：

「**從垃圾桶正上方丟下的垃圾，碰到了桶子的邊緣。**」

「**碰到垃圾桶邊緣的垃圾，沒有進到桶子裡。**」

重點在於，如何在第一時間理解眼前所發生的任何狀況，並在知道相關情況後，再思考怎麼描述。

## 觀察力訓練 21

**X 烏鴉在太郎身上大便。**

**O 佇立在電線上的烏鴉，往正好站在下方的太郎頭上大便。**

接下來，也是根據物體的動向來練習文字表達。

**「烏鴉在太郎身上大便。」**

猜想你有可能會這樣表達，但我希望你更詳細的描述烏鴉和太郎各自的狀態和位置。從圖中還能知道哪些訊息？

「烏鴉佇立在電線上。」

「太郎站在烏鴉的正下方。」

「烏鴉往太郎的頭上大便。」

組合以上三句話：**「佇立在電線上的烏鴉，往正好站在下方的太郎頭上大便。」**

像這樣根據物體的動態（這裡指的物體是鳥屎）來表述，就能具體理解狀況。

佇立在電線上的烏鴉所排放的糞便是從上往下掉，因此一開始的視角會從上面來看，也就是最該先表現的是佇立在電線上的烏鴉，再來是太郎的位置，最後是物體——鳥屎的動態。

觀察力訓練 22

## X 鯉魚旗飄動。
## O 鯉魚旗隨著強風往旁邊飄動。

將動作的根源加入敘述中也很重要。

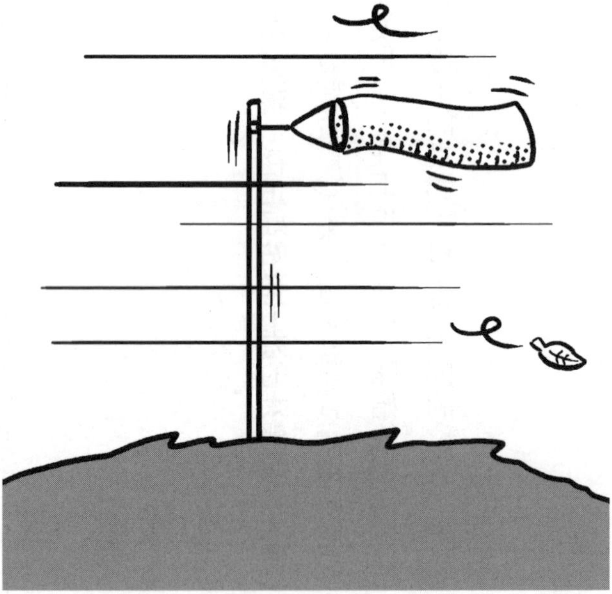

**「鯉魚旗飄動。」**

雖然「飄動」一詞表達算正確，但這句話仍有進一步描述的空間。至少補充說明鯉魚旗是如何飄動，例如：**「鯉魚旗往旁邊飄動。」**

如果可以的話，希望你能將所見的狀態再多些傳達，也就是把鯉魚旗飄動的原因——風也加進來表現。鯉魚旗往旁邊飄動正是強風在吹拂的證據，所以我們可以這樣描述：

**「鯉魚旗隨著強風往旁邊飄動。」**

以上是把鯉魚旗作為主詞所造的句子。如果改以風為主詞，描述風的強度，可以調整為：「**強風大到把鯉魚旗吹往旁邊飄動。**」

觀察力訓練 23

## X 發芽了。
## O 五顆種子中只有一顆發芽。

下面這張圖是暑假作業中常見的圖畫日記，你會怎麼表達？

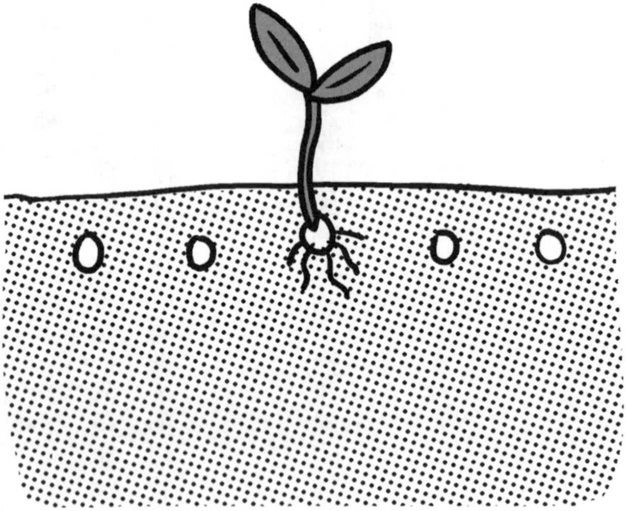

**「發芽了。」**

這句話只描述某顆種子發芽的狀態，但圖中一共有五顆種子，希望你也能傳達這當中的差異。也就是說，其中一顆種子發芽了，另外四顆還沒有，因此可以這樣下結論：**「五顆種子中只有一顆發芽。」**

如果所有種子都發芽的話，理所當然可以說：「五顆種子全都發芽了。」

描述狀態時，**切記不要只表達你所看到的其中一個物體，而是觀察全部再把同種類當中的差別表達出來，這樣更能讓對方理解狀況。**

為了精準陳述，必須確認同種類的物體是否一致或有無差異的部分，這點非常重要。

## 觀察力訓練 24

## X 太郎跑步很快。
## O 太郎跑得比一郎快。

針對下圖，你會如何表達？

**「太郎跑步很快。」**

這句話很明顯還少了一些描述。

太郎跑得很快沒有錯，但對於沒有在現場的人來說，他是怎麼跑得快，又跟誰相比較是快的，這些都要詳細描述出來，以便讓對方理解情況。

「快的」、「大的」、「強的」這類形容詞，會在表達對比關係時應用。有比較的對象，才能表現太郎「跑得比誰快」。

假設和跑得更快的次郎相比，太郎跑得比較慢，就無法用「快」來形容。

而這次跟太郎比賽的對象是一郎，為了能更清楚傳達這個對比關係，可以描述如下：**「太郎跑得比一郎快。」**使用形容詞時，**一定要加上比較的對象，並運用「跟〇〇比起來」的表達方式。**

小時候，我曾在搭車時看著外面的光景說：「新幹線好快。」如今再回想，當時應該要說：「新幹線比我坐的車快。」

## 觀察力訓練 25

**X 一郎想抓蛇。**

**O 一郎打算把右手伸進有蛇的箱子。**

請關注動作以外的要素。假設一郎從外面看不到箱子內部。

「**一郎想抓蛇。**」或是「**蛇想咬一郎的右手。**」

以上兩句話都只是猜測，不能說明圖片的狀態。

請你從一郎是否發現箱子裡有蛇這個角度來思考。如果他沒發現箱子裡有什麼的話，從這張圖可以知道如下兩點：

「箱子裡有活著的蛇。」

「一郎正打算把右手伸進箱子裡。」

把以上兩點組合起來：「**一郎正打算把右手伸進有蛇的箱子。**」

隨著年齡增長，人們在描述事情時，越容易把自己揣測的想法一併表達出來。這麼一來，對方不僅無法知道何為事實、何為假想，最後導致自己的想法和判斷錯誤。為了不讓自己和對方犯下錯誤決定，**切記在表達眼前人物的行為和物品的狀態時，不要加入自己的設想，只要把現階段你所知道的事情描述出來就可以了。**

## 觀察力訓練 26

**X 跌下來了。**
**O 一郎從屋頂跌落到地上。**

你會如何表述下面這張圖？

**「跌下來了。」**

我想前面已舉例說明很多，應該不會有人還這麼表達吧！這句話的描述當然不及格，既沒有主詞，也沒有說明是從哪裡跌落到哪裡，完全無法讓人理解。

**「腳滑跌了下來。」**這樣形容同樣不及格。

我們可以知道主詞是一郎，他從屋頂跌落到地面上，但是光從圖像來看，無法得知他是因為腳滑跌了下來，還是步伐不穩而跌落。描述事件時，**絕對不能陳述不清楚的因素加上自己假想的內容，只能傳達事實**。因此，這句可改為：「**一郎從屋頂跌落到地上。**」

如果知道一郎是在什麼時間掉落下來，可以說：「**一郎在〇〇時間，從屋頂跌落到地上。**」

## 觀察力訓練 27

**X 給貓照明。**

**O 次郎用手電筒對著草叢裡的貓照明。**

確認行動上有無背後的動機，對於敘述狀態來說很重要。下面這張圖該如何表達？

**「給貓照明。」**

這句話確實描述了次郎的行為，但若能根據次郎的想法來表達會更好。亦即，次郎知道貓的存在，所以特地用手電筒對著貓照？還是剛好用手電筒照到的地方有貓？這點若能說明清楚更好。

如果次郎一開始就知道貓的存在，用手電筒去照牠的話，可以這麼表達：**「次郎用手電筒對著草叢裡的貓照明。」**

或是次郎用手電筒照明的地方剛好有一隻貓的話，可描述如下：**「次郎用手電筒照的地方剛好有一隻貓。」**

再以其他例子來思考，「次郎用身體撞柱子」，屬刻意的行為；反之，「次郎的身體撞到柱子」，則不是故意的。是否刻意為之，會影響描述的方式。

第二章

# 對方看不見的事，怎麼觀察他才有畫面

想精確傳達聲音或震動狀態等看不見的事物給對方，非常不容易！

觀察力訓練 28

## X 有聲音。
## O 偶爾聽到從南邊傳來敲擊的聲響。

你會怎麼表達下面這張圖？

- 揉搓聲。
- 敲擊聲。
- 喀嚓聲。
- 流水聲。
- 嗡嗡聲。
- 如脈搏般的咚咚聲。
- 嘎吱聲。
- 噓噓聲。
- 嘶嘶聲等。

聲音類別有很多種，只向對方說：「**有聲音。**」等於僅將聽到某種聲音這件事傳達給對方。但聽到這句話的對方，完全無法得知是怎麼樣的聲音，所以這樣的表達不優。如果你想把聽到的聲音形容給對方知道，可依照下面的對應條件來傳達：

- 何時發出聲音？
- 發出聲音的部位、方向？
- 聲音的種類為何（揉搓聲、敲擊聲、喀嚓聲、流水聲、嗡嗡聲、如脈搏般的咚咚聲、嘎吱聲、噓噓聲、嘶嘶聲等）？
- 聲音的強弱？
- 聲音是持續不斷或中間有停留？
- 聲音的頻率是怎樣的？

參照上述的要素，描述聲音時可以這麼說：「**箱子裡發出微微聲響，而且音量不斷的忽大忽小。**」、「**偶爾會聽到從南邊傳來敲擊的聲響。**」

觀察力訓練 29

## ○ 圖① 每10秒發出喀噠的聲響。
## ○ 圖② 隨機發出喀噠的聲響。

如果請你分別描述下面圖①和圖②，你會怎麼說？

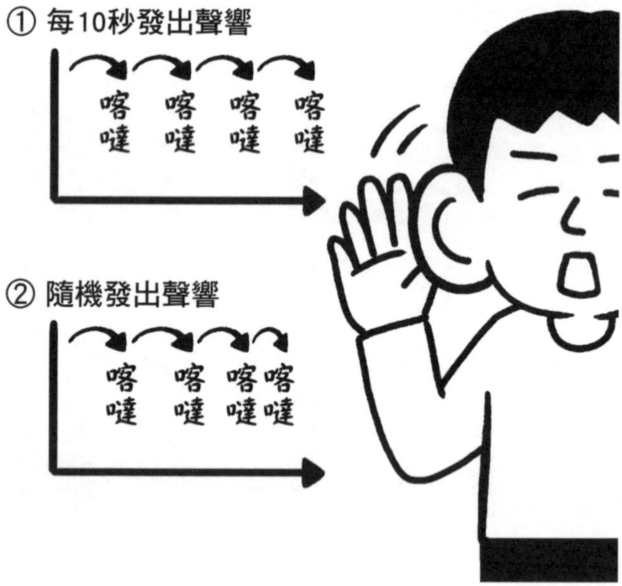

「**有聲音。**」相信你已經知道不能再這麼回答了。

形容聲音時，不只要描述聲音的種類，最好也能說出聲音的節拍。

圖①是以每十秒發出聲音，也就是按照週期、規律性的發出聲響。

反之，圖②標示節拍的箭頭長度不平均，代表它是隨機發出聲音，所以可以這麼描述：

**「圖①每十秒發出『喀噠』的聲響。」**

**「圖②隨機發出『喀噠』的聲響。」**

因應情況，也可能需要描述音量的大小，像是「微弱的聲音」、「造成頭很痛的巨大聲響」等。請試著把周遭聽到的聲音，詳細的描述看看。

觀察力訓練 30

## X 桌面在震動。
## O 隨著風車轉動的同時，整個桌面也跟著震動。

你可以描述下圖的情況嗎？

**「桌面在震動。」**的確是這麼一回事，但你可更精準的傳達。桌面是其中一部分還是整體都在震動？如果你知道震動源自哪裡，最好也能一併表達出來。

若造成震動的原因是放在桌面上的風車，可以這麼說：

**「隨著風車轉動的同時，整個桌面也跟著震動。」**

**「風車轉動時發出的震動，傳遞到整個桌面。」**

形容震動出現和聲音的狀況時，同樣必須具有以下要素：

· 何時開始震動？
· 震動的部位、範圍？
· 震動的強弱？
· 震動是持續不斷或有中斷？
· 震動的頻率？

觀察入微，才能確實掌握所見狀態並表達到位。

第三章

# 哪裡相同、哪裡不同，有比較就有差異

將隨著時間變化的狀態傳達給對方，真是出乎意料的困難。不過，只要持續依照前述的做法去思考，就能逐步提升表達能力。

接下來一起思考，當聽者看不到畫面時，如何只運用文字向對方表達？

## 觀察力訓練 31

# X 他只釣到一條魚。
# O 從早上9點到下午4點，釣客有釣到一條魚。

下面這張圖裡的釣客，從早上9點開始釣魚，經過了7個小時。你會如何描述這個狀況？

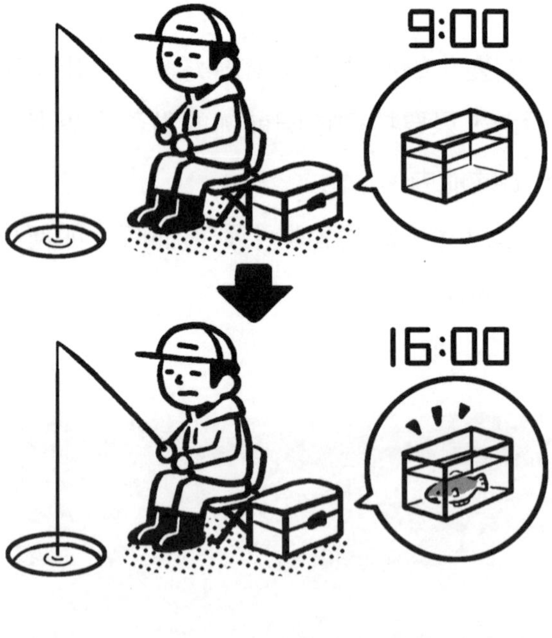

**「他只釣到一條魚。」**

這句話顯然缺少背景說明，而且這種描述方式比較像是用來補充釣客「還想再釣魚」的心境，並未正確辨識眼前的狀態，所以表達不及格。

像這種情況，首先必須根據時間軸來表達。例如：

「釣客從早上九點釣魚到下午四點。」

「這段期間有釣到一條魚。」

因此可以得知：**「從早上九點到下午四點，釣客有釣到一條魚。」**

為什麼不說「只釣到一條魚」，而是「有釣到一條魚」？因為「只釣到一條魚」是有其他比較的對象才會用的描述方式。

如果圖中的釣客旁邊，沒有坐著另一位釣到許多條魚的釣客，或是圖中釣客在其他天也沒有多釣到其他魚的話，就只能說：「有釣到一條魚。」在沒有比較對象的情況下，必須把你所看到的狀態按照原樣傳達出來。

再加上，「只釣到一條魚」的說法有種「還想釣到更多魚」的感覺或是偏見，這都是擅自推測的表現。因此為了確實描述所見狀態，切記不能加入多餘的看法。

如果在傳達時，想刻意加上自己的看法，又該怎麼展現才好？

就我自身經歷來說明——剛出社會第一年，為了和新認識的夥伴交流或是購買日常用品，因而花費了不少錢。在距離下一個發薪日還有兩天時，我手邊剩下的存款金額是一千日圓。

這時一旦想到「我手邊只剩下一千日圓」，心裡就很不安。但若是想著「我手邊還有一千日圓」的話，便能振奮精神，積極思考：「距離發薪日還有一天，我要如何度過？」

刻意的正向思考，不去想「我只剩一千日圓」，而認為「我還有一千日圓」，如此一來就能改變自己或讓他人產生正面的想法和行動。

此外，在描述數量的差別或變化時，經常會聽到人們使用多的（變多）、少的（變少）、強的（變強）、弱的（變弱）、快的（變快）、慢的（變慢）等形容詞，卻沒有明顯提到比較的對象。

「我去了東京，人好多。」

他人突然聽到這類沒有提到比較對象的句子，會搞不清楚你是想說跟自己居住的地方比起來，東京的街道上人更多；或者明明是假日，辦公商圈卻有好多人在逛街。

特別是跟數字相關的場合，若沒有比較的對象，對方更難以理解。

例如，我們不說「**氣溫低了五度**」，而是「**跟昨天比，今天的氣溫低了五度**」，或者「**跟過去的平均值相比，氣溫低了五度**」……必須將比較的對象具體表達出來。

總結來說，使用形容詞時，必須注意以下兩點：

①是跟什麼比較？

②跟比較的對象相比，有多少差距？

在日常生活中使用形容詞描述狀態時，希望你能意識到這兩點。

觀察力訓練 32

## X 寫不出墨水。
## O 用鋼筆畫直線，偶爾會斷水。

以下是描繪用鋼筆在紙上畫線的圖。你會怎麼表達相關狀況？

**「寫不出墨水。」**

光這句話很容易讓對方誤會。說不定其實是想說筆尖寫不出墨水，但是這樣的話，紙張上不應該會有墨水的痕跡。

**「鋼筆斷水。」**還是感覺少了些什麼。

這裡請注意，我們很可能不小心先入為主的把墨水視為主詞來思考狀況。

單純描述狀態時，應該會說：

「用鋼筆畫出直線。」

「墨水偶爾會斷水。」

我們可以將這兩句合在一起表達：「用鋼筆畫直線時，偶爾會斷水。」

描述狀態時，不要先入為主，而是把看到的原貌表達出來。

觀察力訓練 33

## X 水變少了。
## O 裝在寶特瓶裡的水，水線降低了。

下面這張圖畫的是裝著水的寶特瓶。如果要描述寶特瓶昨天跟今天相比的變化，你會怎麼表達？

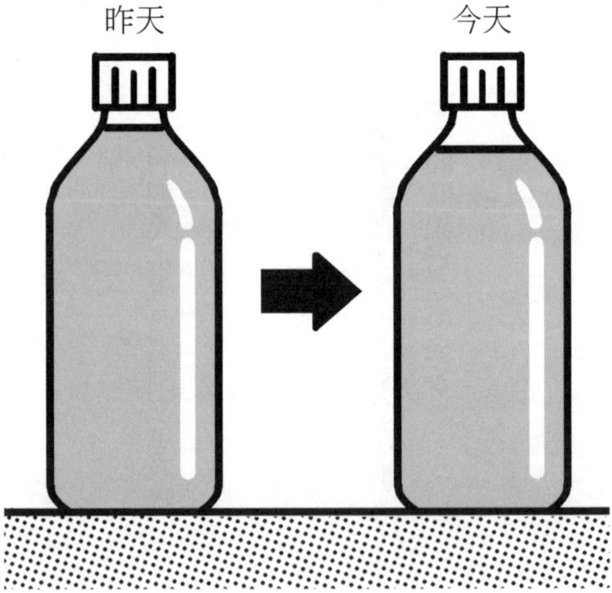

**「水變少了。」**

其實這樣的句子並沒有正確表達狀態。

描述狀態最重要的是，把眼前所看到的一五一十表達出來，只不過這說起來簡單，做起來卻有困難。

此外，「水變少了」代表整體而言水量已經減少。但光從圖片來看，就斷定水量減少有些武斷；說不定水量根本沒變，可能是寶特瓶膨脹造成水線降低。

從以上敘述來看「水線降低」是可以確定的，那麼可以說：「**裝在寶特瓶裡的水，水線降低了。**」

希望你也能像下面舉的例句一樣，補充說明跟你所知道的範圍相比下降了多少：「**裝在寶特瓶裡的水跟昨天相比，水線稍微降低了。**」

如果你知道降低多少單位的話，便能取代「稍微」、將詳細數字加進句子裡。

## 觀察力訓練 34

**X 氣溫從攝氏 10 度、9 度降到 7 度。**

**O 氣溫自早上 10 點，每隔一小時從攝氏 10 度慢慢下降到攝氏 9 度、7 度。**

根據下圖，請表達東京和大阪的氣溫變化，你會怎麼描述？

| 時刻 | AM 10:00 | 11:00 | 12:00 |
|---|---|---|---|
| 東京氣溫 | 10℃ | 9℃ | 7℃ |
| 大阪氣溫 | 10℃ | 10℃ | 5℃ |

**「東京氣溫從攝氏十度、九度降到七度，大阪則是從攝氏十度、十度降到五度。」**像這樣只把數字列出來，並不能清楚表達氣溫的變化。

我們可以進一步描述：

**「東京氣溫自早上十點，每隔一小時從攝氏十度慢慢下降到攝氏九度、七度。大阪的氣溫則是早上十點、十一點在攝氏十度，到了十二點是攝氏五度，可以知道大阪從十一點之後氣溫急速下降。」**

又或是：**「東京早上十點的氣溫從攝氏十度慢慢降低，到十二點下降到攝氏七度。大阪則是早上十點到十一點的氣溫還有十度，但從十一點開始，一個小時後就降到攝氏五度。」**

描述狀態的改變，不只是排列出數值，而是要從中找出怎麼變化，再確實表達出來。

觀察力訓練 35

# X 溫度上升20度。
# O 溫度緩慢／急速上升20度。

下圖是隨著時間流逝來記錄溫度的變化。可以怎麼說明？

①

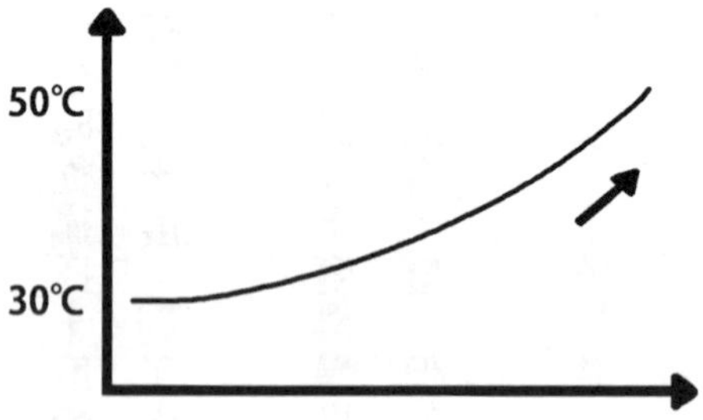


②

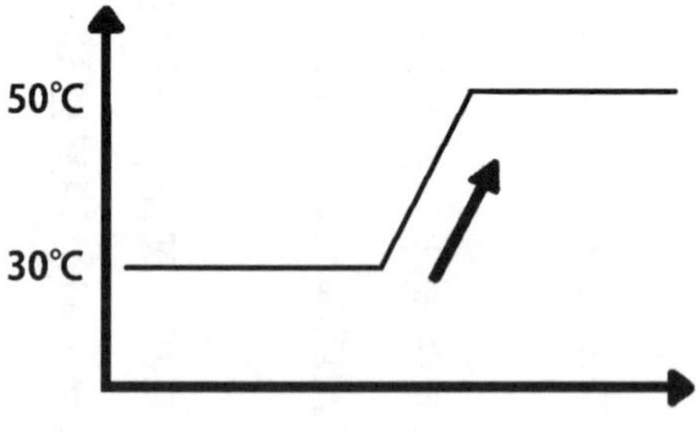

**「溫度上升二十度。」**

兩張圖確實都顯示上升了二十度，但這並非精準的表達方式。除了說明上升二十度，還必須形容溫度是怎麼升高的。右頁兩張圖表可以描述如下：

**圖①：「溫度緩慢上升二十度。」**

**圖②：「溫度急速上升二十度。」**

像這樣描述數字的變化，必須加上「怎麼樣」的副詞，例如緩慢的、急速的。

另外，如果你知道時間點的話，也請把它加進去。

根據情況，也可以加上類似下面的表達：**「（在某個時間點）突然」**、**「偶爾」**、**「週期性」**。

不要忘了觀察數字的變化，記住正確的表達方式，那麼當你在描述時，聽者便能在腦海中浮現圖表。

觀察力訓練 36

## X 跟虛線相比，實線偏離很多。
## O 實線穿過虛線、左右蜿蜒。

下面四張紙分別畫著基準線（虛線）和剪刀實際剪的路線（實線），若個別用文字描述圖①到④的狀態，你會如何表達？

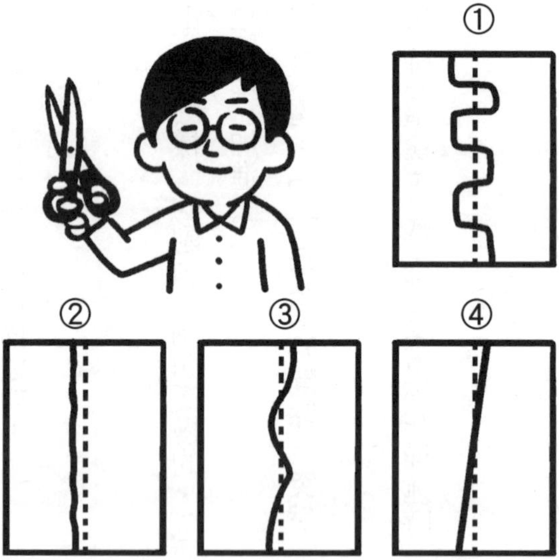

**「跟虛線相比，實線偏離很多。」**

這樣描述無法判斷偏離多少。至少看著剪掉後的形狀、從基準線偏離的方向，按照原樣表達出來。

圖①到圖④分別加上形狀和方向，可以這麼形容：

圖①：「實線跨過虛線，有如閃電符號似的左右彎曲。」

圖②：「實線在虛線的左側，與虛線平行。」

圖③：「實線穿過虛線、左右蜿蜒。」

圖④：「跟虛線相比，實線以斜線方式偏離。」

甚至和虛線的距離多少，也可以加上副詞：一點點（稍微）、相當大（大幅度），或者像下面這句把實際數字加上去會更好：「**跟虛線相比，實線穿越虛線，左右距離最多有〇〇公分，有如閃電符號似的左右彎曲。**」

# 第四章

# 要根據事實，不能加油添醋

遇到問題時，你能運用文字確實轉達當下的狀況嗎？接下來，一起思考遇到異狀時要怎麼表達。

觀察力訓練 37

## X 花瓶的碎片。
## O 窗臺上的花瓶破碎了。

你會如何解說下圖？

**「花瓶的碎片。」**

像這樣只說名詞是最不好的表達，容易讓人當下分不清楚你想表達什麼。究竟花瓶是在你眼前「破碎」的？還是你進入房間看到花瓶時，它「已經碎掉」了？無法讓人判斷是在什麼時間發生。若傳達方式不夠清楚，也容易造成對方做出偏差的判斷。

所以為了清楚傳達，你可以描述如下：「**窗臺上的花瓶破碎了**」，或是「**窗臺上的花瓶已經碎裂一陣子了**」。如果你想仔細描述部位，可以說：「**窗臺上的花瓶瓶口已經破裂了。**」

若碰上漏水狀況，也是同樣的表達方式。到底是剛剛漏水，還是已經漏水一陣子了，必須確實描述。如果是剛開始漏水的同時就在現場看到，或者漏水後馬上就發現的話，會用「**剛剛漏水**」；但如果是已經漏水一陣子才發覺，就會說「**漏水一陣子了**」或「**正在漏水**」。

觀察力訓練 38

## X 泳圈漏氣了。
## O 泳圈厚度跟一開始相比，明顯變薄。

下圖可以怎麼表達？

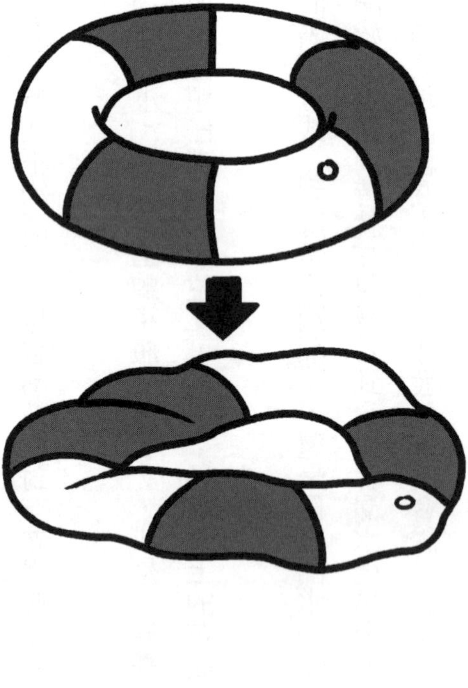

**「游泳圈漏氣了。」**

前面提過，只要把眼前的狀態真實描述出來就可以了。但是人們隨著年齡增長，越容易、傾向將自己的看法放進表達句子裡。

游泳圈真的漏氣了嗎？並沒有證據顯示游泳圈哪裡有破洞，也沒有看到排氣孔有間隙，因此不能說游泳圈「漏氣了」。

依照所看到的畫面，應該這麼表達：

**「游泳圈縮小了。」**

**「游泳圈的厚度跟一開始相比明顯變薄。」**

**「游泳圈的皺摺與剛開始的狀態相比增加很多。」**

請務必記得不要推測，而是把眼前真實的狀態表達出來就好。

觀察力訓練 39

## X 螺絲釘鬆開。
## O 螺絲頭和木板中間有縫隙。

這張圖也希望你不要推測，好好表達位置的關係，對方才能理解。

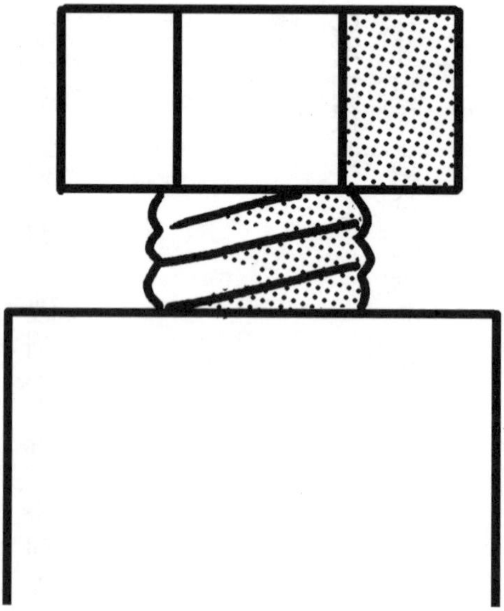

**「螺絲釘鬆開。」**

多數人會如此表達，只是這樣並沒有確實掌握要點。傳達事物時，應該先理解詞彙的意思再使用。

「鬆開」是指從最開始拴緊的狀態，經過一定時間慢慢變鬆。明明不知道圖片裡的螺絲釘之前是否為拴緊狀態，卻使用了「鬆開」這個詞，代表已經先入為主認為螺絲釘一開始是拴緊的。也就是說，「螺絲釘鬆開」這句話是在還沒有看到最初的狀態，就擅自推測的表達。

平常已經穿習慣的睡褲，我們會說：「褲管鬆了。」那是因為我們知道睡褲原本的樣子。

最重要的是，在不知道一開始的樣貌時，只要把眼前的狀態真實呈現即可。因此正確的表達應該是：「**螺絲頭和木板中間有縫隙。**」

請注意！不要使用平常聽習慣的錯誤表達。

## 觀察力訓練 40

**X 螺絲釘被拿走。**

**O 四個洞裡少了左上角的螺絲釘。**

下圖又該怎麼描述？

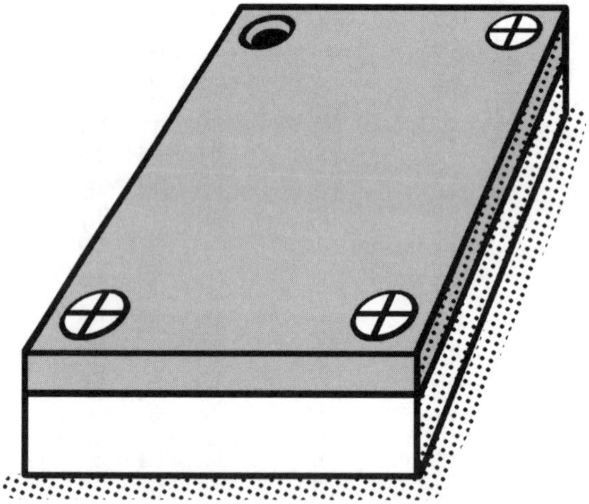

若以「**螺絲釘被拿走**」或是「**螺絲釘脫落了**」表達，表示你推測圖中原本應該有四個螺絲釘。

「**沒有螺絲釘。**」這句話也讓人摸不清圖中到底有幾個螺絲釘，因此以上表達都不及格。

前面一再強調，形容狀態時不要推測，而是把眼前所見具體描述出來：

「**四個螺絲釘裡少一個。**」或者「**四個螺絲釘裡只少一個。**」

如果想精準傳達上下左右等方向的話，可以說：

「**四個洞裡少了左上角的螺絲釘。**」這樣會更清楚。

若不知道事情的發生經過，記得單純表達眼前看到的狀態就好。

觀察力訓練 41

**X 釣不到魚。**

**O 水深處有魚，掛著魚餌的釣鉤附近卻完全沒魚。**

下面這種狀況，你會如何說明？

**「釣不到魚。」**這樣簡單一句話，無法清楚傳達圖中狀態給對方。說到底，這張圖也並非呈現「釣不到魚」，而是「釣鉤附近沒有魚。」

先把圖片所呈現的訊息條列如下：

「釣鉤前端掛著魚餌。」

「釣鉤附近完全沒有魚。」

「比釣鉤位置更深處的地方有魚。」

組合以上三條訊息，可以這麼描述：**「水深處有魚，但是掛著魚餌的釣鉤附近卻完全沒有魚。」**

這裡的關鍵在於比較。不只描述釣鉤附近的情況，還與水深處做比較，這樣更能把情況確切傳達給對方。

為了讓對方更清楚狀況，可在句子裡運用「比較」來表達。但偶爾也用在描述不好的情況，例如考試分數是六十分，若使用比較的表達，會是：「明明大部分的人都考七十分以上，我卻只拿到六十分。」

## 觀察力訓練 42

### X 紙破了。
### O 紙張正中間破了一個洞。

處理糾紛時，更需要傳達正確訊息給對方。下面這個情況該如何說明？

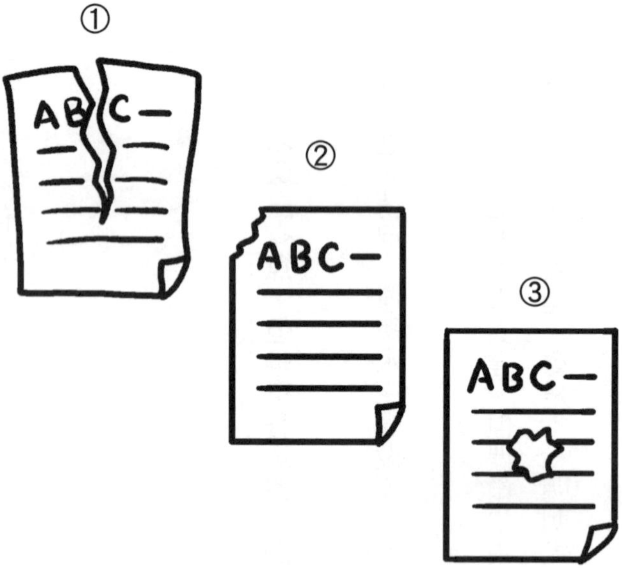

「**紙破了。**」這是常見的表達，但光是這樣的句子無法拿到及格分數。

「表達眼前的狀態」看似簡單，實際上要如何描述卻很困難。以這張圖的情況，必須按照原狀，把紙張破損的方式表達出來。

圖①是裂開，圖②是被撕了一小塊，圖③是破了一個洞。可再加進下述條件：破損的位置、破損的方向。

這麼一來，就能分別表達如下：

- **圖①：紙張從短邊的正中間裂成兩半。**
- **圖②：這張紙的左上角被撕了一小塊。**
- **圖③：紙張正中間破了一個洞。**

不如此表現的話，對方無法理解。不論紙張破掉的方式，只會描述「紙破了」的人，要非常留意上述我所說明的問題點。

## 觀察力訓練 43

**X 枕頭破了。**

**O 枕頭四邊當中，較長的其中一邊有部分布料的縫線斷開。**

你會怎麼描述枕頭的狀態？

**「枕頭破了。」**這樣形容簡直讓人無法理解。

使用「破掉」這個詞彙，會讓對方以為是枕頭布料有一部分被剪開。因此必須先掌握物品真切的狀態，再選用適合的詞彙來表達。

而針對這個狀態使用「枕頭」一詞，未免太過粗略，完全無法讓人了解是枕頭的哪個部分有異狀。

實際確認枕頭並不是被剪開，而是布料的車縫線斷掉，接縫處呈現鬆開的狀態。得知上述條件後，再把鬆開的部位描述出來：

**「枕頭四邊當中，較長的其中一邊有部分布料的縫線斷開。」**

若需要把車縫線斷開多少公分傳達給對方的話，再補上實際數字就可以了。

## 觀察力訓練 44

**X 食器裂開。**

**O 食器的邊緣有一部分缺損。**

下面這張圖又該如何描述？

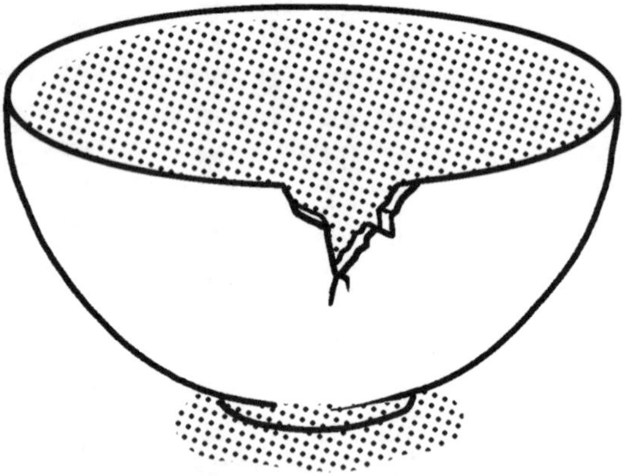

**「食器裂開。」**

這樣描述會讓對方一頭霧水。何況也不是裂開，而是缺損。使用「裂開」一詞來描述，會讓人以為是器皿裂成兩半或是龜裂等，浮現誇張的想像。

就這張圖的情況，可以看出並非裂開，而是缺損。在用字遣詞上不能太過馬虎，甚至可進一步說明缺損的位置，一定能讓對方更容易想像。

這張圖呈現的缺損部位是食器的邊緣，因此可以描述：「**食器的邊緣有一部分缺損。**」如此一來，對方應該就能理解。

**正確解讀狀態，切記注意用字遣詞。**

觀察力訓練 45

## X 線斷開了。
## O 線被扯斷了。

為了準確傳達狀況，選擇詞彙很重要。一起思考關於下圖線條的狀態要如何描述。

避免只說：「**線斷開了。**」有各種原因會導致線斷開：

①用刀片等銳利的物品切斷。

②扯斷。

③燒斷。

④摩擦到斷開（磨斷）。

從切口來看，大概可以判斷圖中呈現的是哪一種斷法。除了上述提到的斷法之外，還有咬斷。從線斷開的剖面圖來看，可分為以下四種：

**①線被切斷了。**

**②線被扯斷了。**

**③線被燒斷了。**

**④線被磨斷了。**

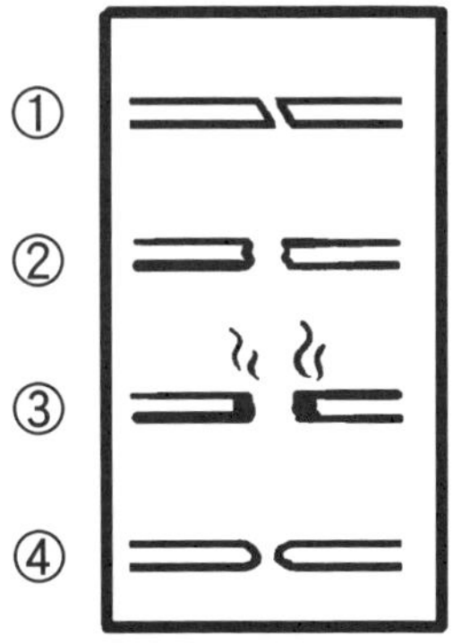

觀察力訓練 46

## X 瓶子有裂痕。
## O 瓶身上有一條直線裂痕。

有各式各樣造成裂痕的方式。在思考為何會有裂痕的同時，也須清楚表達狀況。你會如何描述下圖？

**「瓶子有裂痕。」**

這句話沒有描述裂痕的樣式，亦即裂痕的位置或形狀、方向。

如果要確實說明眼前的狀態，就必須具體表達如下：

**「瓶身上有一條直線裂痕。」**

**「瓶身上有一道橫線裂痕。」**

想更清楚表達的話，可以加上裂痕的長度或寬度、深度，甚至裂痕是一直線還是彎曲的……描述。

線狀的裂傷、擦傷、劃痕，或遭遇什麼打擊而導致的痕跡等，具有很多種因素。不論是什麼樣的痕跡，都希望你能仔細觀察再表達。

## 觀察力訓練 47

**X 馬路上有洞。**

**O 馬路正中央出現一個跟馬路寬度差不多、圓形、深達 1 公尺左右的洞。**

面對特殊狀況，如果傳達不夠精準，很容易引發意想不到的後果。請看下圖，你會如何解說？

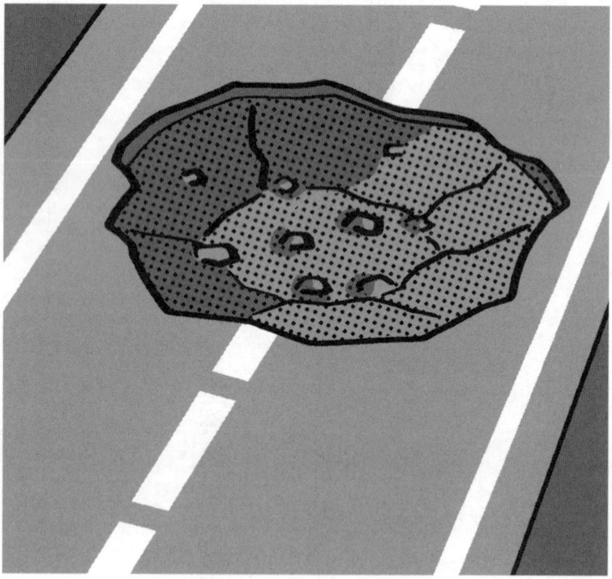

「**馬路上有洞。**」這句話表達得太過粗略。

想要確實表達狀況，首先得列舉要傳達的事項，再依據列舉的內容，選擇適當的文字描述，整理出一句話，便大功告成。

就這張圖所示，列舉如下：

・洞口的中心↓馬路中央。

・什麼形狀↓圓形。

・有多大↓跟馬路寬度差不多。

・有多深↓一公尺左右。

最後用一句話來描述：

**「馬路正中央出現一個跟馬路寬度差不多、圓形、深達一公尺左右的洞。」**

在日常生活中，練習如何瞬間列舉出想傳達的事項很重要。

## 觀察力訓練 48

**X 沒有光澤。**

**O 板材中間有一部分沒有光澤，且呈現細長條狀、和邊緣平行。**

當發現訂購的商品有異狀時，如何將問題精確傳達出去很重要。下圖描繪的是帶有光澤、經過加工的板材。該怎麼描述才好？

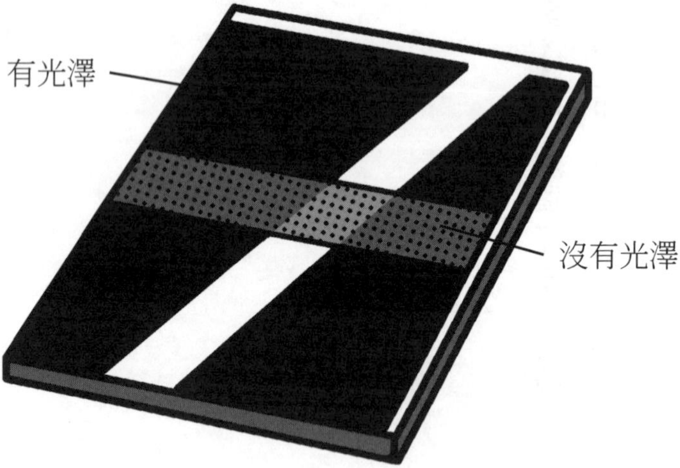

**「沒有光澤。」**

我想應該沒有人會如此回答。這樣會讓人誤解板材全都沒有光澤，表達不佳。其實只有一部分沒有光澤，正確的表達應該是：「板材中間沒有光澤。」而且呈現細長條狀、和邊緣平行。

從上面所述條件，可以整理成：

**「板材中間有一部分沒有光澤，且呈現細長條狀、和邊緣平行。」**

若要更清楚表達有與沒有光澤的部分的差別，如下描述會更好：

**「板材中間有一部分沒有光澤，且呈現細長條狀、和邊緣平行，其他部分則都帶有光澤。」**

從「沒有光澤」這個例子來看，不只是描述一部分的差別，再加上位置和形狀的形容，清楚表達沒有光澤之外的其他樣貌，便能如實傳達相關資訊給他人了解。

觀察力訓練 49

## X 咖啡溢出來。
## O 咖啡從杯中溢出不少在杯碟上。

這張圖可以怎麼敘述？

「**咖啡溢出來。**」這樣表達還不夠。咖啡從哪裡溢到哪裡？又溢出多少量？必須加上這些描述。

「**咖啡從杯中溢出不少在杯碟上。**」不只形容咖啡溢出的動線，為傳達溢出多少量在杯碟上，加上稍微、多少等副詞也很重要。如果知道溢出的量是幾毫升的話，也請加進句子裡說明。

接下來，如果要你向對方傳達咖啡的量與咖啡杯大小（容量）的關係（相對關係），你會怎麼做？

這邊需要注意的是，要以咖啡為主詞（基準），還是咖啡杯當主詞（基準），這表達方式會有所不同。

假設以咖啡當主詞來描述的話：「**以咖啡的量來看，咖啡杯的大小（容量）有點小（少）。**」

若是以咖啡杯為主詞：「**對於咖啡杯的容量來說，咖啡的量有點多。**」

## 觀察力訓練 50

**X 手把脫落。**

**O 托特包有兩個手把，其中一邊的接縫處脫落了。**

那麼，下圖又該如何表達？

**「手把脫落。」**這句話描述不清楚，表達欠佳。

從圖片來看，托特包有兩個手把，其中一邊的手把接縫處脫落了，將這些條件合併表達的話：

**「托特包有兩個手把，其中一邊的接縫處脫落了。」**

描述順序時，可以想像一下電視劇或電影等拍攝鏡頭，通常先拍攝整體畫面，下一個鏡頭才會聚焦在最想表達的部分。

因此取代影像，用文字來表達會是：

「托特包有兩個手把。」

「其中一邊的手把有異狀。」

「手把與托特包的接縫處有一邊脫落。」

從整體到局部，以這樣的順序描述，有助於對方想像實際情況。

## 觀察力訓練 51

**X 機械手臂跟商品對不上。**

**O 機械手臂的中點，跟我想要抓的商品位置相比，位置偏左。**

夾娃娃機的機械手臂無法成功夾到商品。下圖的情況你會如何描述？

**「夾娃娃機的機械手臂跟商品對不上。」**

這樣形容還可以。不過這張圖的重點，應該在於如何準確判斷位置的偏差，必須描述夾娃娃機機械手臂的中心點與想要商品的中心位置不一致。

因此可以這樣表達：**「夾娃娃機的機械手臂跟想要商品的中心位置對不上。」**

如果想傳達得更加明確，可以機械手臂的中點或商品的中心為基準，進一步描述偏差的方向，例如：**「夾娃娃機機械手臂的中點跟我想要抓的商品位置相比，位置偏左。」**

至於偏離多少，具體加入數字描述會更好，而且偏差的部分，一定要確切點出以下條件：

- 什麼跟什麼的位置不一致？
- 以誰為基準？
- 往哪個方向偏離？
- 偏差了多少？

觀察力訓練 52

## X 有一行位置不一致。
## O 以項目來看，輸入欄有一行的位置往下偏移。

請看下圖筆記型電腦螢幕的畫面，該如何表達其中偏差？

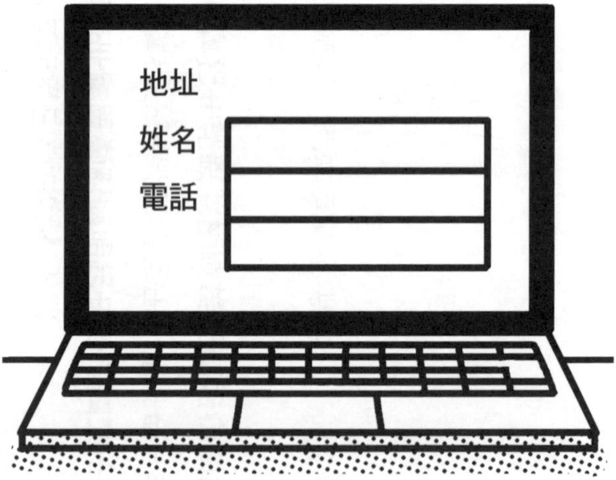

**「有一行位置不一致。」**你應該知道這句話無法清楚傳達訊息。

那麼，該如何表達會更好？

我們看到螢幕畫面上的地址、姓名、電話這三個「項目」，與分別需要輸入的「欄位」縱向排列，先從中決定哪一個是正確的（基準），再開始描述。

假設項目是正確的：**「以項目來看，輸入欄有一行的位置不一致。」**

如果對方也一起看螢幕，上面這句話能順利讓他接收、了解。但對方若不在現場，只有自己看著螢幕資訊的話，文字表達就需要多下點功夫，譬如：**「以項目來看，輸入欄有一行位置往下偏離。」**

表達兩者之間的偏差，必須掌握以下要點：

- 以什麼為基準？
- 往哪一個方向偏離？
- 偏離了多少？

## 觀察力訓練 53

**X 方向不一樣。**

**O 五個黑色三角形當中只有一個朝下外，其他都朝上。**

就下圖所示，該如何表達相關物件，才能清楚說明情況？

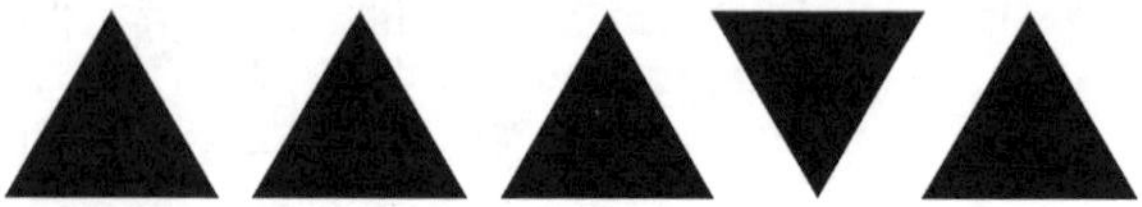

**「方向不一樣。」**

這句話說得不清不楚，糟糕至極。

在第一三一頁也有提到，表現順序要「從整體到局部」。因此，這張圖首先需要掌握的是：

「有五個同樣大小的黑色三角形橫向排成一列。」

「五個黑色三角形當中只有一個除外，其他頂點都朝上。」

「只有右邊數過來第二個三角形的頂點朝下。」

彙整以上三項描述後，可以表達如下：**「有五個同樣大小的黑色三角形橫向排成一列，只有從右邊數過來第二個三角形的頂點朝下，其他四個三角形的頂點都朝上。」**

為了如實傳達圖片內容給對方，先掌握並取出要點（要素），再把它們加進文字表達裡。

## 觀察力訓練 54

**X 鈕扣的位置有偏差。**

**O 三件外套上分別有三顆鈕扣，其中一件外套上的鈕扣距離不均等。**

根據前一篇的內容，一起來思考下圖。

**「鈕扣的位置有偏差。」**

這樣的表達，對方沒辦法理解是三件外套都有偏差，還是只有其中一件？而且也不清楚鈕扣位置是如何偏離的。如同前面所提「從整體到局部」來思考的話，相信會很容易理解這個狀況。

「有三件外套。」

「所有外套上分別有三顆鈕扣。」

「三件外套當中有一件的鈕扣距離不均等。」

彙整上述來表達的話：

**「三件外套上分別有三顆鈕扣，其中一件外套跟其他相比，上面的鈕扣距離不均等。」**

或者把中間外套鈕扣偏離的方向標示出來，會是：

**「三件外套之一，也就是中間那件外套上的鈕扣距離和其他兩件不一樣，它的第二顆鈕扣距離第一顆的位置稍微往下一些。」**

若能將偏離多少的數字標記出來就更好了。

## 觀察力訓練 55

### X 紅豆餡露出來。
### O 十個饅頭當中，有兩個露出紅豆餡。

看到下圖紅豆餡饅頭的狀況，你會如何描述？

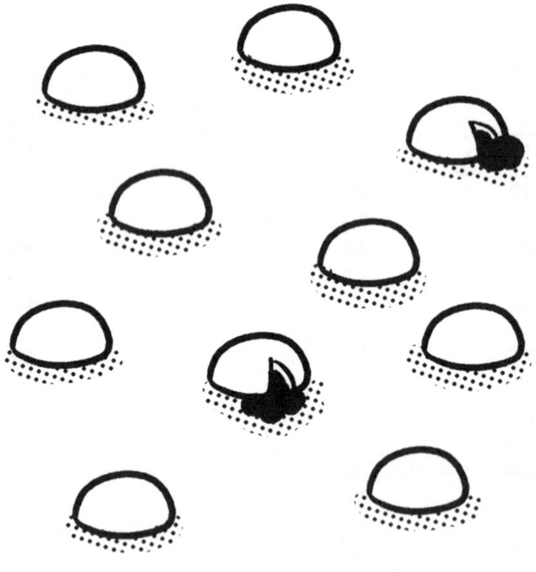

**「紅豆餡露出來。」**

這句話只說明了紅豆餡爆出來的事實，表達不夠完整。

需要進一步掌握的是，露出紅豆餡的是所有饅頭？還是只有一部分？如果是所有饅頭都露餡的情況，很有可能是製作饅頭時的條件（水分、溫度、時間、步驟）設定有誤。反之，若只有幾個饅頭露餡的話，極可能是在製作饅頭時的品質參差不齊。

不論如何，在傳達相關訊息給對方時，必須有正確、如實的表達。

以此為基準，就得描述如下：「**十個饅頭當中有兩個露出紅豆餡。**」

商品的品質是一致或零散的，務必仔細掌握、分辨，以便精確的表達出來。

## 觀察力訓練 56

**X 輪胎脫落了。**

**O 我在桌上玩具車，車子左後方的輪胎突然脫落。**

依據下圖傳達正在發生的狀況，你會怎麼解說？

**「輪胎脫落了。」**

看到輪胎脫落的瞬間，一般人大概都會這麼說。

不過要把這句話傳達給別人，這樣的描述方式是無法讓人理解的。話中沒有提到時間點、什麼樣子或哪裡的輪胎、行為動作如何，或是從哪裡脫落等補充說明。如此一來，對方會不知如何應對。

針對這張圖的情況，我會這麼描述：

**「我拿玩具車在桌上玩時，車子左後方的輪胎突然脫落了。」**

上面這句話，我只單純描述輪胎脫落的狀態。假設輪胎脫落時有發出聲響的話，可以進一步描述：

**「我拿玩具車在桌上玩時，聽到有什麼分裂聲響的同時，車子左後方的輪胎也脫落了。」**

## 觀察力訓練 57

**X 三郎滑下來。**
**O 三郎從斜坡滑落下來。**

下面這張圖，你會如何表達？

**「三郎滑行。」**

從圖可以看出三郎並不是只有滑行的動作，也有往下掉落的情況。滑行加上掉落，我們會以「滑落」來形容。而且，三郎滑行的地方看似一處斜坡。

綜合以上條件，再加上滑行的場所，可以說：

**「三郎從斜坡滑落下來。」**

如果清楚知道他的起點是哪裡的話，加進句子就會變成：

**「三郎從山坡斜面處滑落下來。」**

甚至可以再加入三郎的姿勢：

**「三郎從山坡斜面處以四腳朝天的姿勢滑落下來。」**

## 觀察力訓練 58

# X 那輛車撞到電線桿了。
# O 急速行駛的汽車猛力撞上電線桿。

發生了緊急事故，必須報警處理。你會如何傳達？

**「那輛車撞到電線桿了。」**

對方或許能理解這句話，但可再表達得精確一些。

光說「車子撞到」，會讓人不清楚是車子哪個部位撞到了電線桿，還有是在往前行駛或倒車時撞到的？這些不說明白的話，對方便很難理解情況。此外，也不知道汽車撞到電線桿的衝擊有多大。

現下從圖中可以知道的狀況有：

「汽車在往前行駛時發生撞擊。」

「車子的正前方撞到電線桿。」

「撞到電線桿時衝擊很大。」

把以上三項合併表達：**「急速行駛的汽車猛力撞上電線桿。」**

若要詳細描述電線桿的位置，可以這麼說：**「急速行駛的汽車，猛力撞上便利商店附近的電線桿。」**

## 觀察力訓練 59

**X 落石砸中汽車。**

**O 車道旁峭壁的落石砸中了行駛中的汽車。**

下圖也跟上一篇有類似的狀況。

**「落石砸中汽車。」**

只有這樣描述，對方恐怕聽不懂，應該進一步說明落石砸到車子前，是什麼樣的狀況，以便他人掌握事故訊息。

首先從圖中所示整理如下：

「汽車沿著山坡行駛。」

「有一塊巨石從車道旁邊的峭壁斜坡掉落到車道上。」

「巨石劇烈撞擊汽車的正上方。」

再彙整以上訊息來表達：**「從車道旁邊的峭壁斜坡掉落下來的巨石，劇烈撞擊了正在行駛中的汽車。」**

你也可以參考先前提過的逐幀表達（第四十六頁至五十五頁）。

迅速掌握所有訊息後，再如實描述事故狀況。不做到這種程度，對方就無法理解你想傳達什麼。

## 觀察力訓練 60

**X 沾到汙垢。**
**O 右眼上方周圍和右臉頰沾到油漆。**

下圖該如何表達？

**「沾到汙垢。」**

這句話只表達沾到汙垢，卻不知道是怎樣的汙垢、在哪裡弄到的？最常見的像是油漆之類，都統稱為「汙垢」。但如果清楚知道是哪一種汙垢的話，就不要用統稱，而要說出確切的名稱，例如沾到油漆。

除此之外，也沒提及哪裡沾到油漆。是整張臉都沾到了？還是臉上有一部分沾到汙垢？而「臉上有一部分」這句話，也是很模稜兩可的表達。

如果想更具體描述沾到油漆的部位，可以這麼說：**「右眼上方周圍和右臉頰沾到油漆。」**

盡量避免大略的描述，要詳細說明部位和地點，對方才能更清楚理解狀況。

甚至把臉上弄到油漆的範圍有多大加進句子裡：**「右眼上方周圍和右臉頰有一部分沾到油漆。」**

## 觀察力訓練 61

### X 手割傷了。
### O 五郎的右手食指內側，有長度約5公釐的割傷傷口。

我的朋友受傷了。如果這時要向醫護人員求救，該怎麼傳達？

**「手割傷了。」**

從這句話，我們無從得知他的手傷在哪裡。不把受傷的部位詳細點出，他人將無法正確施予援手。

假設受傷的部位在右手的食指內側，傷口長度大約五公釐左右（視情況也可補充傷口的形狀）。再加上主詞，這句話就變成：**「五郎的右手食指內側，有長度約五公釐的割傷傷口。」**

若更進一步表明受傷的原因，並以五郎作為主詞來表達，可以這麼說：「五郎使用美工刀時割到手，導致右手的食指內側出現長度大約五公釐的傷口。」

五郎若是在意外之下割傷手的話，不會說「五郎割傷手」，而會說「五郎的手割到了」，這樣比較自然。畢竟說「五郎割傷手」，容易讓人產生是五郎自己的錯等假想。

觀察力訓練 62

## X 正在漏水。
## O 水管上有一小缺口猛烈的噴出水來。

發生異常狀況時，必須把當下何物發生了何事，描述得簡單易懂，好讓對方理解。

**「正在漏水。」**

儘管人們經常這麼描述，這樣表達還是不及格。

先把圖中呈現的情況，逐一條列出來：

「水管上有一區塊出現小缺口。」

「水從小缺口猛烈的噴出來。」

再把前述兩句話組合起來，表達如下：**「水管上有一區塊出現小缺口，水從那裡猛烈的噴出來。」**

這裡的重點在於描述水是從哪一個部位噴出來的。我們經常聽到「從水管漏出來」之類的形容，這都是過於粗淺的表達。希望你能提到前面所舉的例子——「水從水管上的小缺口噴出來」，像這樣仔細觀察確切位置後再傳達。而且不可或缺的是，在句子裡加上「猛烈」等副詞。

描述眼前的狀況時，不要只著重在其中一個要素，而是要把所有看到的要素一個一個的提取出來，再善加組合表達。

## 觀察力訓練 63

### X 漏水了。
### O 水從管線接縫處大量的漏出來。

假設發生了圖中的麻煩狀況，必須立刻請業者來修理，你會怎麼向對方描述眼前狀況？

**「漏水了。」**這句話只讓對方知道漏水了，卻沒有確實提到哪裡漏水、漏了多少水量，這樣表達仍然不及格。

希望問題獲得解決，就必須仔細、精確的把圖中發生的情況傳達給對方。

從圖中的情況來看：

- 「從哪裡漏水？」管線連接處（接縫、接管處）。
- 「漏了多少？」流到地板上差不多有快淹起來的水量。

將以上所述加進句子裡表達：「**地板上有差不多快淹起來的水量，從管線接縫處大量的漏出來。**」

「大量」一詞，若換成「一百公升」等數字會更好。

此外要留意的是，盡量避免只用「漏水」這個詞來表達。「漏水」也有各式各樣的情況，若僅用這個詞來描述狀況，會讓對方擅自擴大想像。請注意！只用單一詞彙來描述，內容會很模稜兩可，也無法好好的傳達給對方。

觀察力訓練 64

## X 樹倒了。
## O 樹從根部傾倒下來。

下面這張圖如何描述？

**「樹倒了。」**

這是很常聽到的描述，只是太過簡略，也沒有提到倒塌的方式。

光說樹倒了，完全沒提到是從樹幹或樹根斷掉才倒下來。以這張圖來說，樹木連根拔起，因此可以知道是從根部傾倒。

如此一來，可以這樣表達：

**「樹從根部傾倒下來。」**

如果你總是草率的看待每個事物，便也只會呈現粗略的表達方式。

在描述相關情況時，並不是瞬間看一眼物品或狀態，而是至少要有吸一口氣的時間來仔細觀察，並掌握所有訊息後，再據實傳達。

觀察力訓練 65

## X 車軸彎曲。
## O 車軸從根部開始彎曲。

下面這張圖應該如何描述？最左邊的是正常狀態，試著說明圖①和圖②。

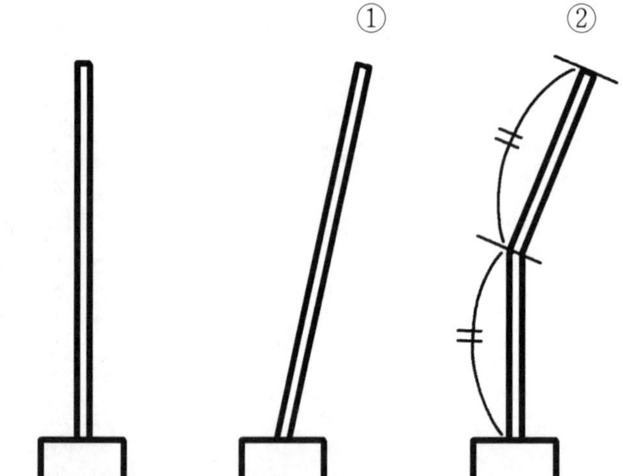

**「車軸彎曲。」**

大家應該都知道這樣表達不及格吧！

此圖需掌握的重點，是如何確實描述車軸從哪裡開始彎曲的。

圖①是從車軸的根部，圖②則是從中間開始彎曲，可以表達如下：

- **圖①：車軸從根部開始彎曲。**
- **圖②：車軸從中間開始彎曲。**

正確來說，圖②的車軸彎曲成「く」的形狀，所以把「彎曲」改成「曲折」，圖②就可描述為：「**車軸從中間開始曲折。**」

彎曲成曲線的情況，可說：「**車軸從根部彎曲成曲線。**」

在表達前，須仔細辨識物件開始彎曲的位置和形狀，再一併描述給對方知曉。

觀察力訓練 66

## X 摩托車和汽車在十字路口相撞。
## O 對向車道直行而來的摩托車，前輪撞上十字路口準備右轉的汽車左前部。

目擊一場交通意外，事態非常緊急，你會怎麼傳達相關情況？

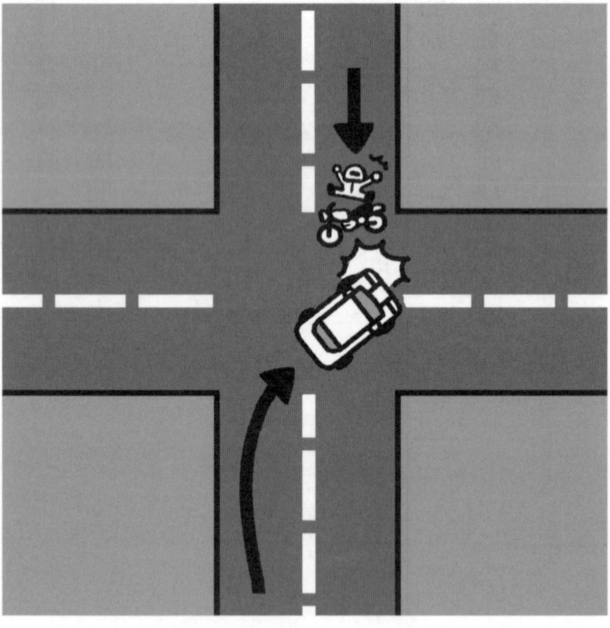

**「在十字路口，摩托車和汽車相撞。」**

這樣的描述能讓對方理解事故狀況，但可以有更細膩的表達。

摩托車和汽車是在什麼樣的情況下發生擦撞？摩托車的哪個部位撞到汽車哪裡？加上這些說明，對方應能更加掌握狀況。

將圖中呈現的狀況條列如下：

「摩托車在對向車道，打算經過十字路口繼續直行。」

「汽車想在十字路口右轉。」

「摩托車的前輪撞上汽車的左前部。」

整合以上說明，可以這麼表達：「**對向車道直行而來的摩托車，前輪撞上在十字路口準備右轉的汽車左前部。**」

如果摩托車上的人因此拋飛出去，為了讓對方理解相撞的衝擊有多大，可再進一步描述：「**對向車道直行而來的摩托車，被十字路口準備右轉的汽車左前部大力撞擊。**」

## 觀察力訓練 67

# X 薄布有皺褶。
# O 薄布上有皺摺，從靠近一郎這邊、往對角次郎的方向，大範圍延展開來。

每四個人一組，各組攤開一片薄布。左邊這組的布攤開得很平整，右邊這組則略顯皺褶。該如何描述右邊薄布的狀態？只須表達薄布的狀態即可。

**「薄布有皺褶。」**

光是這樣說，對方無法想像出如右圖一樣的畫面。為了確實傳達給對方，必須將薄布的皺褶狀態仔細描述出來。

這張圖的重點在於皺褶的方向，是從靠近一郎這邊往次郎的方向（對角）延展，因此把皺褶的方向融入句子表達：「**薄布上有皺摺，是從靠近一郎這邊往對角的次郎方向，大範圍延展開來。**」

圖中有三條又大又長的皺摺，若要更精確的描述，則是：「**薄布上有三道又大又長的皺摺，從靠近一郎的方向往對角的次郎方向，大範圍的延展開來。**」

觀察力訓練 68

## X 車軸和洞口的大小（直徑）不同。
## O 跟車軸相比，洞口的大小（直徑）比較小。

車軸無法順利插入洞裡。這個情況要如何表達？

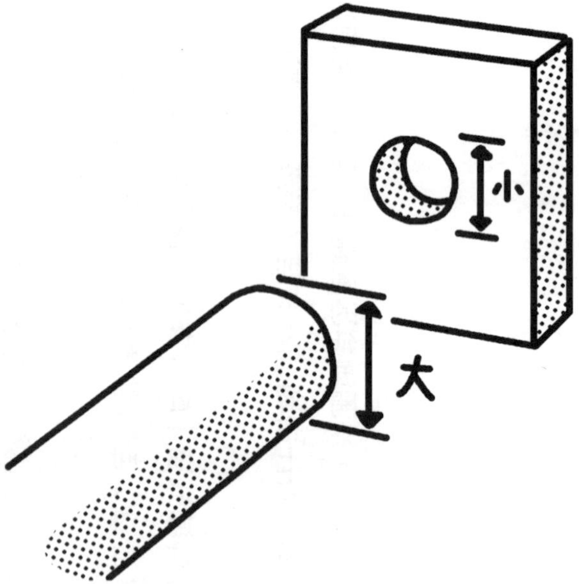

**「車軸和洞口的大小（直徑）不同。」**

有不少人會這麼表達，卻沒有說明是怎麼樣的差異。車軸和洞口的大小是哪裡不一樣，若不仔細描述相對的關係，對方便無法理解。

針對這張圖的情況，必須描述如下：

**「跟車軸相比，洞口的大小（直徑）比較小。」**或是**「與洞口相較，車軸的大小（直徑）比較大。」**

如果知道兩者的差異程度，也可加入文句中表述，例如：

**「跟車軸相比，洞口的大小（直徑）稍微小一些。」**

**「與車軸相較，洞口的大小（直徑）顯得相當小。」**

若能將「稍微」或「相當」等副詞改成具體的數字會更好。

## 觀察力訓練 69

### X 車軸插不進洞口。
### O 車軸跟洞口的中心線沒有對上。

這張圖也是車軸插不進洞口的情形，應該如何表達才好？

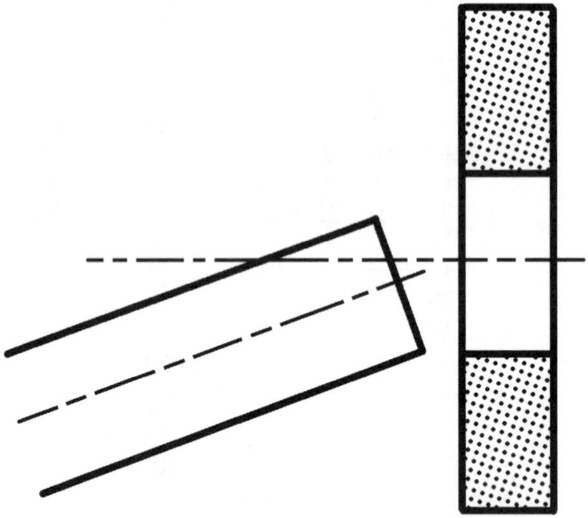

**「車軸插不進洞口。」**

越是搞不清楚狀況的人，越容易有這樣的說法，由此也可看出這類人都是憑感覺說話。

我一再提醒大家，重要的是如何確實掌握狀況。如果車軸的直徑比洞口稍微小一點，而且在插得進洞口的前提下來思考，至少可以表達：「**車軸和洞口沒有互相垂直。**」

這樣也說得通，但可以有更正確描述的方式，例如：「**車軸的中心線跟洞口的中心線沒有對上。**」

在描述兩個物體其位置的關係時，除了提到中心線是否對上，還可描述線跟線、面跟面是否互相平行或垂直。

請記得，不要只憑感覺來描述眼前的狀態，而要試著留意、掌握關鍵細節並表達出來。

觀察力訓練 70

**X 手電筒開不了燈。**
**O 即使我剛換過電池，打開開關，手電筒的燈還是不亮。**

你會如何描述下面這個場景？

**「手電筒開不了燈。」**

對方能聽懂手電筒的燈打不開這句話，但光是這樣描述不夠好。

有了「剛剛才換過電池」這個前提，就必須把它加進句子裡，甚至一併說明有開啟手電筒的開關，描述如下：**「即使我剛換過電池，打開開關，手電筒的燈還是不亮。」**

特別是發生與想像中相反的狀況時，越要清楚交代背景，對方才有辦法理解。

我想，大家應該遇過明明外面出大太陽，卻下著毛毛細雨的情況。這時就會說：

**「外面明明出大太陽，卻開始下起雨來。」**

跟預想的情況相反，不只會發生在事物上，與人互動時也會有類似的狀況。

**「儘管一個小時前太郎說他會『馬上做事』，但直到現在還是沒有行動。」**

在父母與小孩之間的對話中，很常出現這樣的表達方式。

## 觀察力訓練 71

### X 電車門關起來了。
### O 五郎急忙趕到想搭的電車前，車門卻在上車前關了起來。

下圖也是發生和預想相反的情況，若不特別說明背景原因，便無法將你的本意傳達給對方。

**「電車門關起來了。」**

同樣是可以傳達給對方、卻不是很好的表達方式，因為完全沒提到是何種情況，或在什麼背景之下，電車門關了起來。

究竟是不是自己想搭眼前這班電車，必須把相關情況交代清楚，想傳達的內容才能確實讓對方接收到。

所以這張圖可以這麼描述：**「五郎想搭剛到站的電車，他急忙衝到車門前，卻在要上車時，電車門關了起來。」**

如同這張圖，若實際情況跟自己所想的不同時，更必須掌握狀況及背景來表達。例如：「天氣預報明明說不會下雨，卻下了。」或是「我原本計畫一天之內完成作業，實際上卻沒辦法做完。」類似情況都應如此傳達。

請記得，發生預料之外的狀況時，必須詳述相關背景資訊，才能正確傳達給對方理解。

## 觀察力訓練 72

## X 門打不開。
## O 次郎拉門把想開門，卻打不開。

遇到突發狀況的當下，視野容易變得狹隘，導致無法準確傳達相關狀況。譬如下圖這種案例，該如何表現才好？

**「門打不開。」**

如果要傳達的對象就在身旁，並在門前說明，對方應該可以理解狀況。但若是透過電話跟對方描述，一聽到你這麼說，恐怕無法馬上反應、回答你。

到底是在什麼情況下開不了門？類似這種情形，在你把能嘗試的都做了，卻無法順利解決麻煩時，更應該確實將背景資訊表達出來。

這張圖呈現「門把往下」、「想拉開門」，將這兩點融入句子表達：「**次郎把門把往下壓**、**想拉開門，卻打不開。**」

如此一來，對方也能充分理解當下的狀況，並立即回答：「請不要拉門把，而是推開它。」不只描述當下正在做的事，更需要把背景因素加入表達中，對方才能理解你想傳達的事情。

觀察力訓練 73

## X 水管堵塞。
## O 我把水龍頭的把手轉到底，還是沒有水流出來。

你應該有過與下圖類似的經驗。在一定的條件下，會發生相關的問題。如果搞錯表達方式，對方便無法理解你想傳達的是什麼。

**「水管堵塞。」**

千萬不要擅自猜測、斷言，或許是哪裡正在施工才會斷水也不一定。

這個情況就跟前面章節提過的一樣，不要妄加推測，而是把眼前的狀態確實表達出來就好。然而，「**水出不來**」的表達也不是很好，因為沒有說明水是從哪裡出不來。

至少要說明從哪裡出不來，也就是「**水龍頭出不了水。**」

我們可以就這句話，試著加上背景描述。

圖中人想打開水龍頭，將水龍頭的把手往逆時針方向轉到底，結果水還是出不來。所以把這樣的背景加入說明中表現的話：「**就算我把水龍頭的把手轉到底，還是沒有水流出來。**」

如此一來，才能確實傳達相關狀況給對方。

觀察力訓練 74

## X 瓶蓋打不開。
## O 太郎握緊瓶蓋想轉開它，卻打不開。

一般人看到下圖的狀況，總會順口說：「瓶蓋打不開。」我希望你能補充背後要素，表達得更精確。

圖中太郎握著瓶蓋想轉開它，將這個狀態加進句子：

**「太郎握緊瓶蓋想轉開它，卻打不開。」**

如果你想描述瓶蓋有多難打開，就需要使用副詞。而這句話中，需要加上副詞的是握住和打不開這兩個動詞。

握住要加的副詞是「用盡全力的」，打不開的副詞可用「完全的」。

由此可見，為了強化表達的狀態，副詞不可或缺。

所以加上副詞，整句話會變成：**「太郎用盡全力握緊瓶蓋想轉開它，卻完全打不開。」**

別忘了，補充前後因素的同時，加上副詞更能強化要傳達給對方的訊息。

觀察力訓練 75

## X 筆記型電腦的螢幕沒亮。
## O 即使插上筆記型電腦的電源插頭、按下電源鍵，螢幕還是沒亮。

在筆記型電腦剛開始普及時，下圖呈現的是最常遇到的問題。請思考如何描述比較好？

**「筆記型電腦的螢幕沒亮。」**

如果只是想描述筆記型電腦的畫面，或許還行得通，但這句話沒有辦法確實傳達狀態給對方，必須把周圍的情況或行為一起表達出來。

從這張圖可以知道，在「電源插頭有插在插座上」、「按下電源鍵」的狀態下，電腦螢幕還是沒亮。

若是如此，就應該用接下來這句話來表達：「**即使我把電源插頭插在插座上、按下電源鍵，筆電的螢幕還是沒亮。**」

嘗試很多方法仍無法解決問題時，記得把周圍狀況、自己已經嘗試多次，或是接下來打算要做的動作等背景因素加入句子裡表達，才能讓他人知道實際狀況，以便協助你。

## 觀察力訓練 76

**X 趕不上限定時間。**

**O 時間限制2小時，但花了2小時10分鐘抵達終點。**

下圖的案例，該拿什麼當主詞、如何表現才好？

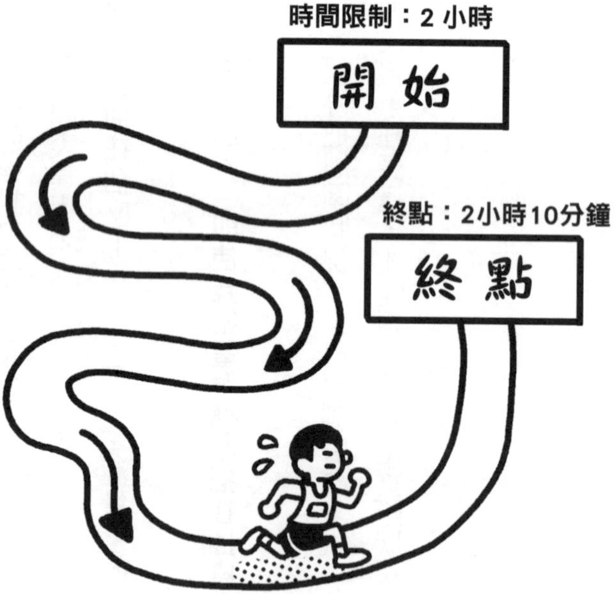

**「趕不上限定時間。」**

從這句話可以知道跑者趕不上限定的時間，卻不知道是落後多久。時間限制兩小時，而跑者是在兩小時十分鐘後抵達終點，因此可改成：「**儘管時間限制兩小時，但跑者抵達終點所花的時間是兩小時十分鐘。**」

如果想強調多花了十分鐘，可以說：「**雖然時間限制兩小時，但跑者多花了十分鐘，也就是兩小時十分鐘後才抵達終點。**」

描述時間時，必須個別點出規劃和實際所花費的時間，才能明確傳達訊息、讓對方了解。

第五章

# 如何跟商家反映，這裡出錯了

如何將數字不合、發生錯誤等不一致的狀況，明確傳達給對方知道？請看接下來的圖片，一起想想只運用文字該怎麼描述？

觀察力訓練 77

## X 零件安裝錯誤。
## O 零件被裝錯好一陣子。

下面有兩張圖，A零件對A零件、B零件對B零件的安裝是正確的。以下圖的狀況，該如何傳達給對方？

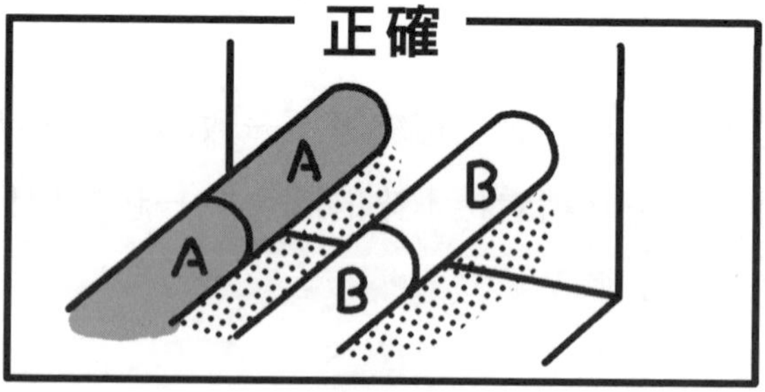


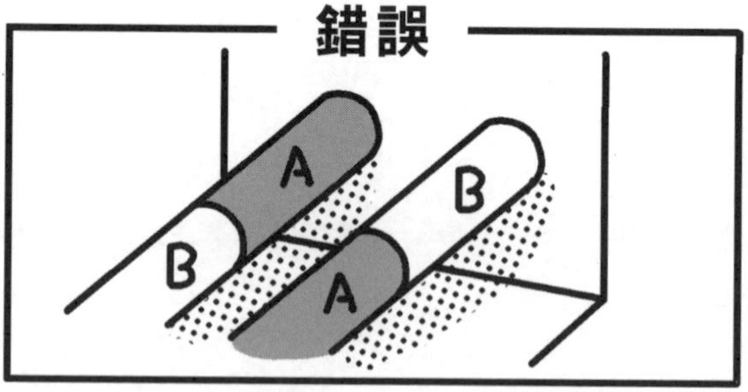

**「零件安裝錯誤。」**

許多人會表達如上，但這樣無法讓對方清楚理解哪裡裝錯了。而且，這句話是指零件裝錯的瞬間？或是發現裝錯已經有一段時間？也就是說，搞不清楚事情發生在哪個時間點。

假設如圖所呈現，發現零件安裝位置錯誤已經有一陣子了，可以說：「**零件被裝錯好一陣子。**」

若想描述看到零件裝錯的那個瞬間，則會說：「**裝錯了！**」

根據上述，更具體表達的話，句子可以改成：「**A零件和B零件互相裝錯好一段時間。**」

為了更精確的表達，不要只用詞彙拼湊；造句的同時，根據你想描述哪個時間點來改變傳達方式。

## 觀察力訓練 78

**X 錢不夠。**

**O 手邊只有290日圓，不夠買300日圓的餅乾。**

下圖呈現金額對不上的狀況。該如何說明這張圖的內容？

**「錢不夠。」**

如果孩子們這樣說，父母一定無法掌握他們想表達什麼。為了能讓父母了解重點是什麼，必須更具體表達當下的狀況。

首先，將圖中呈現的事項逐一條列：

「手邊有兩百九十日圓。」

「要買三百日圓的餅乾，還差十日圓。」

以前面兩句為基礎來描述：

**「雖然我手邊有兩百九十日圓，但要買三百日圓的餅乾，還差十日圓。」**

將當下情況描述得簡單易懂，不要只說其中一件最想傳達的事，而是要確實掌握其中關聯的要素、情報，再把它們組合起來，造出讓人輕鬆理解的句子。

觀察力訓練 79

## X 發票打錯了。
## O 明明買的是商品ABC，發票標記的卻是商品AEC。

下面這張圖又該如何表達？

**「發票打錯了。」**

我想讀者們應該也有相同經驗，只是這樣的表達還是不合格。若非買錯商品，那就是發票標記有誤。你可以再做更具體一些的描述，例如：

・兩者比對↓購買的商品VS.發票上標記的商品。
・如何不同↓不是商品ABC，而是商品AEC。

將以上所述整理成一個句子：

**「我明明買的是商品ABC，發票上標記的卻是商品AEC。」**

請記住，「○○錯了」是很粗略的表達，這樣的句子他人是沒辦法理解的。

## 觀察力訓練 80

**X 文字有誤。**

**O 正確文字是「NIKKEI」，但少了最後的I，變成「NIKKE」。**

要如何告訴他人下圖的文字有誤？

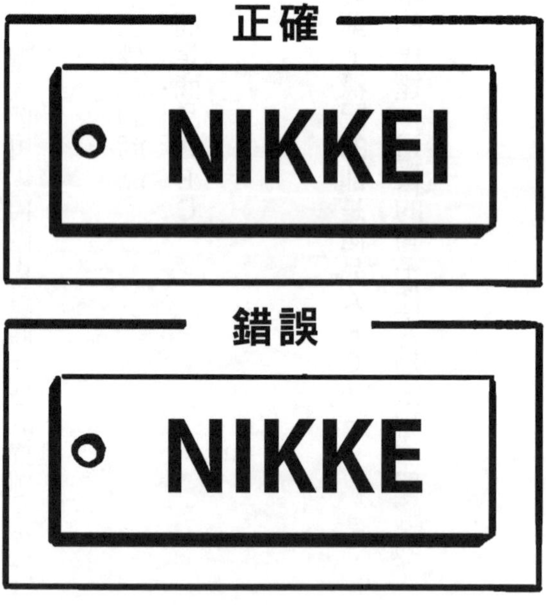

**「文字有誤。」**

這樣表達太過草率，對方會聽不懂。

**「少了I。」**這麼說還是不夠明確，因為不知道你是指少了N後面的I，還是少了最後面的I。

所以，為了更精準傳達，我們應該從「正確的文字是『NIKKEI』」、「少了最後的I」這兩點著手，句子要調整為：

**「正確的文字是『NIKKEI』，但是少了最後的I，變成了『NIKKE』。」**

這裡的重點在於，必須將比較的對象加入句中，再描述兩者之間有何不同。

## 觀察力訓練 81

**X 身高與蛋糕大小對應的比例錯誤。**

**O 三人從身高最高排到最矮，與眼前蛋糕大小的排列順序相反。**

圖中每個人前面各擺放一塊蛋糕，但人與蛋糕的大小對不上。這個狀況若用文字表達，你會造出什麼樣的句子？

**「身高與蛋糕大小對應的比例錯誤。」**

**「人物跟蛋糕不合。」**

這兩句話表達不清楚，也顯得過於粗略、草率。

我們先從以下三則描述來看：

「圖中有三個人，他們依身高最高到最矮，從桌子的左側排列開來。」

「在他們前面的桌子上，每個人眼前各擺著一塊蛋糕。」

「三人前面擺的蛋糕大小跟身高順序不同，從左邊依序從小排到大。」

整合以上三句，展現更細膩一點的表達方式：**「圖中三人從身高最高排到最矮，他們眼前的蛋糕大小與身高順序相反，從左邊開始由小排到大。」**

這張圖必須傳達的重點是，人物身高排序和蛋糕大小的排序相反。在描述眼前狀況時，記得加入關鍵字來傳達。

## 觀察力訓練 82

**X 發票打錯了。**
**O 發票和商品架上標記的商品A金額不同。**

要把下圖錯誤的地方傳達給對方時，該怎麼描述比較好？

**「發票打錯了。」**

這是認為發票金額錯誤的主觀想法與表達，我可以理解。但有沒有可能發票上的金額是對的，反倒是放在商品架上標記的價格是錯誤的？

請不要加入主觀意識，僅將眼前狀況一五一十的傳達給對方，可以這麼說：

**「發票和商品架上標記的商品A金額不同（不一樣）。」**

再進一步，更具體描述的話：「**發票上寫著商品A的金額是一千六百日圓，但商品架上標記的價格是一百六十日圓。**」

若已確知是哪裡出錯，表明該錯誤即可。假設不清楚實際情況如何，則必須將不同之處確實呈現出來。

## 觀察力訓練 83

**X 圖上寫錯了。**
**O 圖上寫的是「C」，實體零件上則是寫「F」。**

下面這張圖該如何描述？

「**圖上寫錯了**」或是「**實體零件上寫錯了**」，我們總會不小心以先入為主的觀念來看待事情。

當下很難說哪一個錯誤。或許雖然圖上寫著「C」，卻出於某個原因將「C」改成「F」。

此外，句子表達得非常粗略，當然無法將狀態全然呈現。

眼前這張圖，只要將圖和實體不同之處，按照原樣描述出來就好。例如：「**圖上寫的是『C』，實體零件則是寫『F』。**」

反之，若已明確知道圖沒錯，而是實體零件有誤的話，則可以說：「**實體零件不是『C』，錯裝成『F』了。**」

在描述不同之處時，請注意千萬不要加入個人成見。

觀察力訓練 84

## X 名字寫錯了。
## O 一份寄給我的文件，收件人名字卻不是我。

假設你叫山田一郎，你收到了一封信，信裡面有一份文件。在他人看不到文件的情況下，該如何只用文字說明下圖的狀況？

**「名字寫錯了。」**

多數人會這麼反應，但如此一來除了傳達不清楚，還有別的問題。「寫錯」一詞，除了有出入或不一樣的狀況，甚至含有不正確的意思。因此要注意「名字寫錯了」這句話，隱含了你的主觀意識。

或許並非寫錯收件人的名字，而是原本真的要寄給一位叫「山口一郎」的人，卻把信件寄給了「山田一郎」也說不定。

表達眼前的狀態，必須留意別應用帶有主觀意識的詞彙。

碰到類似的情況，記得不要用「錯誤」，而用「有出入」、「不一樣」來描述比較好。因此，要表達「不同」時，這張圖可以這麼說：**「有一份寄給我的文件，但收件人不是我的名字山田一郎，而是山口一郎。」**

## 觀察力訓練 85

**X 忘記放A。**

**O 放進卡車的貨物當中，沒有A。**

下圖圓圈的部分該如何表達？

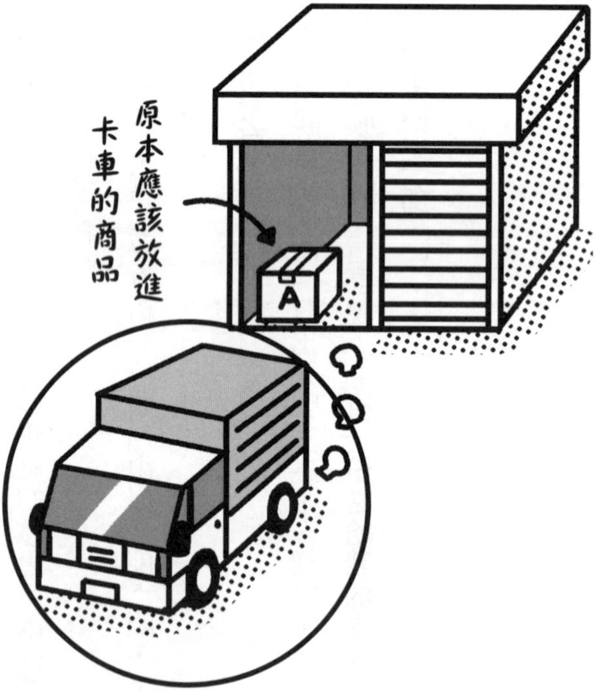

**「忘記放A。」**

這類不合格的表達應該經常聽到吧。

「忘記」是人類經常有的行為表現，但圖中圓圈所畫的並不是人，而是卡車和貨物。

因此可以這樣描述：「**放進卡車的貨物當中，沒有A。**」或是「**A沒有被放進卡車裡。**」

表達你想強調的事物時，首先必須分辨焦點中（圓圈的部分）有什麼內容，再以焦點為基礎去陳述相關狀況。

想強調的狀況也可以聚焦在時間點，以當下發生事件時的事物為基礎來描述。

## 觀察力訓練 86

**X 商品裝錯了。**

**O 四個標記A的紙袋裡，其中之一不是裝著商品A。**

下圖可以怎麼描述？

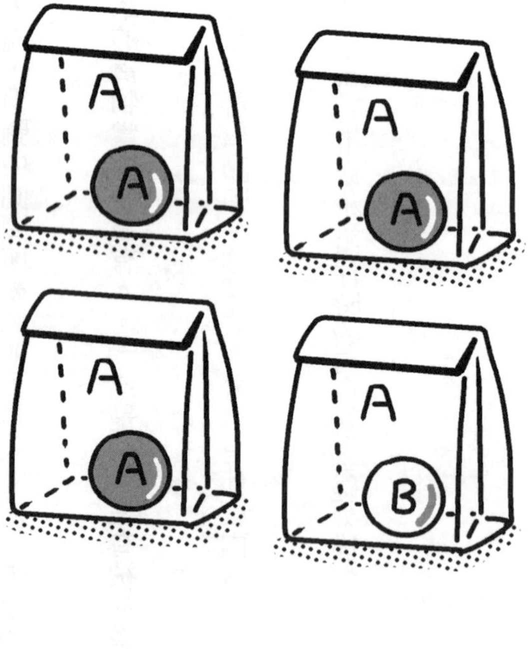

**「商品裝錯了。」**

這句話完全沒點出是什麼東西變成什麼狀態，當然表達不及格。

從圖中可以知道：

「有四個紙袋，每個紙袋表面都寫著Ａ。」

「每個紙袋裡都裝著一個大小相同、圓形的商品。」

「其中三個紙袋裝的是商品Ａ，只有一個紙袋裝著商品Ｂ。」

整合上述情況，可以這麼傳達給對方：

**「四個標記Ａ的紙袋裡，其中之一不是裝著商品Ａ，而是裝著商品Ｂ。」**

為了正確傳達眼前所見，可以像拍攝電影畫面一樣，先攝錄整體畫面，再聚焦想拍攝的對象。亦即，先表達整體再表達個體，如此便能毫無遺漏的描述狀況。

第六章

# 觀察力提升，立刻成為解決問題高手

表達錯誤的狀態，出乎意料的困難。

請看接下來的圖片，並思考如何只用文字傳達情況給對方知道。

觀察力訓練 **87**

## X 三郎按錯了。
## O 三郎一不留神，按的不是A，而是B。

下圖中，三郎的錯誤該如何表達？

**「三郎按錯了。」**

多數人在描述錯誤動作時會說放錯了、按錯了。而在解釋動作出錯的原因時，則會說看錯了、聽錯了、記錯了、不小心搞錯了等。一樣都是「○○錯了」，但要立刻判斷是動作做錯，還是動作的原因出錯，著實不容易。甚至還有相同意思，但表達方式不同，例如「看錯」和「認錯」。

到底是指動作做錯，還是動作的原因出錯（錯誤的種類），其實並沒有明確的區分開來。

但若能留心區分表達方式的話，對方便能知道你想說的是錯誤的動作，還是造成動作錯誤的原因。

例如想描述錯誤的動作，我們不說放錯了、按錯了，可以說：

**「太郎一不留神，放的不是○，而是×。」**

**「太郎一不留神，按的不是□，而是△。」**

這麼一來，就不會用到「○錯了」的句型。

此外，描述動作錯誤的原因時，就可以用「○錯了」的句型：**「一郎把0（數**

**字）看錯成O（英文字母）。」**

**「次郎把D聽錯成E。」**

**「五郎記錯成跟平常的做法一樣。」**

如此一來，接收者便能清楚分辨你所說的錯誤是指動作還是原因。

假設碰上問題，必須向對方傳達的時候，只要仔細留意、區別這兩者的表達方式就好。

接著來看第二〇八頁的圖。如果只是要傳達錯誤的動作，會說：「**三郎一不留神，按的不是A，而是B。**」

若像圖中所畫一樣，明明腦中想要按的是A，卻不小心按了B，這就是「不小心搞錯」。傳達動作錯誤的原因時，可使用以下句型：「**（我腦中知道，但是）不小心把A按錯成B。**」

描述錯誤時，記得要確實區別是錯誤的動作，還是造成錯誤動作的原因來表達才好。

你有沒有聽人說過：「**寫錯了。**」

光這麼簡單一句，實在無從判斷是想表示寫字時錯誤的動作，還是發現寫錯了這個狀況。

如果想描述一不留神寫錯的這個動作，可以說：「**太郎一不留神，寫的數字不是1，而是2。**」

反之，想陳述發現寫錯的狀態，則會說：「**某某某把數字1寫錯成2了。**」

切記以上表達方式的差別。

## 觀察力訓練 88

**X 太郎搞錯了。**

**O 太郎看著牆上文件，把「1672」誤認為「1872」。**

下圖牆壁上標記的數字是正確的，而太郎看到文件上面的數字時，腦中出現錯誤的狀態。請試著描述。

**「太郎搞錯了。」**

這樣表達還是太過草率、不合格！

究竟太郎犯了什麼錯誤？必須確實描述情況。

太郎看著牆上文件中的四個數字「1672」，認為是「1872」。如果「1672」是正確的，那麼就是太郎把數字「6」看成「8」。因此可以說：**「太郎看著牆上文件中的四個數字，把『1672』看成（誤認為）『1872』。」**

形容人們的錯誤行為時，除了會說看錯了、聽錯了、誤會……之外，還有「一不留神」，像是什麼都沒想，一不小心碰到隔壁開關等情況可以使用。

本書將上述狀況歸納為「錯誤的種類」。

發生了什麼樣的錯誤，如何確實傳達很重要。

## 觀察力訓練 89

**X 一郎搞錯了。**

**O 一郎手上明明拿著B瓶子，卻以為拿的是A瓶子。**

請試著思考如何依照下圖來描述一郎的錯誤？這個狀況的前提是A瓶子必須放在A箱子中。

**「一郎搞錯了。」**

用一句話來說，的確是這樣沒錯。然而從這個句子中，無法得知錯誤的是動作還是判斷。

除此之外，不論是動作還是判斷，這句話說得也不夠清楚。

若是描述動作的話：**「一郎應該要放A瓶子，卻拿錯，打算把相同大小的B瓶子放進箱子裡。」**假設想表達判斷錯誤，就會是：**「儘管是放進A箱子，一郎卻認為是放進B箱子。」**或**「一郎手上明明拿著B瓶子，卻以為拿的是A瓶子。」**

在描述錯誤的情況時，記得要確實區分到底是想表現錯誤的「動作」，還是「判斷」錯誤。

觀察力訓練 90

**X 太郎搞錯了。**

**O 太郎明明拿文件B給一郎，卻以為是拿文件A。**

究竟是動作做錯還是判斷出錯？下圖該如何描述？

**「太郎搞錯了。」**

的確，太郎沒有正確回應一郎的請求。但從這句話來看，無法得知太郎做錯動作，還是判斷出錯。

若是以「做錯動作」來描述：

**「儘管一郎想要文件A，太郎卻拿文件B給他。」**

而以判斷出錯這一層面來表達的話：「**太郎明明拿文件B給一郎，卻以為是拿文件A。**」或者「**太郎明明拿文件B給一郎，卻沒發現自己給的是文件B。**」

這裡的重點在於先確認自己到底想傳達的是動作還是判斷，再思考怎麼表達。

## 觀察力訓練 91

**X 太郎錯了。**

**O 一郎說AB12，太郎卻聽成AE82。**

從下圖來看，一郎正確的傳達了訊息，但太郎卻接收錯誤。請嘗試用文字表達這個狀況吧！

**「太郎錯了。」**

想當然耳，這樣的表達過於簡單且不夠好。

假設一郎所說是正確的，那麼就必須弄清楚太郎究竟是哪裡犯錯。

從這張圖可以看出，一郎說的是「AB12」，而太郎接收到的卻是「AE82」。

也就是說，太郎犯的錯誤是「聽錯」。因此，這句話要改成：「**一郎說的是『AB12』，太郎卻聽錯成『AE82』。**」

聽錯的文字是B跟E、1跟8（按：日文1的羅馬拼音是ICHI，8的羅馬拼音是HACHI），這種情況也經常發生在電話對白當中：明明我說的是小倉（按：日文羅馬拼音是OGURA），對方卻聽成小川（按：日文羅馬拼音是OGAWA）……我想，你一定也有過聽錯的經驗吧。

## 觀察力訓練 92

**X 搞錯日期。**

**O 今天明明是10號，一郎卻誤認為是9號。**

誤認是很常見的問題。該如何描述下圖？

**「搞錯日期。」**

首先，這句話出現一個基本問題，就是沒有主詞；再者也不知道是怎麼搞錯日期的，因此表達不合格。

先把主詞加進句子裡：「**太郎搞錯日期。**」

然而光是這樣的表達，還是不行的。描述「錯誤」的狀況，不能只用簡單一句話帶過，重點在於如何確切描述是怎麼樣的錯誤。

從這張圖可以知道兩件事：

「今天是十號。」

「一郎以為今天是九號。」

把這兩句話組合起來描述如下：「**今天明明是十號，一郎卻認為是九號。**」

其中的「認為」，也可以用別的詞彙來形容：「**今天明明是十號，一郎卻誤認為是九號。**」

## 觀察力訓練 93

**X 爸爸搞錯了。**

**O 爸爸看著小朋友畫狗的圖，卻誤認為是畫熊。**

請試著從下圖來描述小朋友的爸爸犯了什麼錯誤。

**「爸爸搞錯了。」**

光是這樣一句，無從得知小朋友的爸爸到底犯了什麼錯誤。

以這張圖來看，可再具體一點描述：**「小朋友畫的明明是狗，但是看到圖的爸爸卻認為小朋友畫的是熊。」**

這屬於判斷上的錯誤，也就是誤認，可以改成：**「爸爸看著小朋友畫狗的圖，卻誤認為是畫熊。」**

即使是誤認，實際上也有各式各樣的狀況。上面的案例，是文字上的理解錯誤，也屬於判斷錯誤。此外，有人說「ＯＫ」，卻被誤聽成「放著」（按：日文羅馬拼音是OKE）。還有對方說的「切斷電源」明明是「關掉」電源的意思，卻被誤解而剪掉電線等情況。

描述狀況的關鍵要點在於，除了指出犯了什麼錯誤的同時，也必須確實傳達錯誤的類別。

## 第七章

# 託人做事，留意對方「所看到」的狀態

請託他人做事時，若沒有精準傳達到底想要對方怎麼做的話，將導致雙方不愉快的感受。以下案例該如何表達才好？

觀察力訓練 94

## X 把這個放進冰箱。
## O 麻煩你把魚放進冰箱的冷凍庫。

下圖是請人把魚冷凍保存起來，你會怎麼用文字表達、請託別人？

**「把這個放進冰箱。」**

這句話無法判斷是要把魚放進冷凍庫或是冷藏室，小朋友能否聽懂並將魚放進冰箱正確的位置？

以這個情況來看，應該說：**「麻煩你把魚放進冰箱的冷凍庫。」**

或假設冷凍庫在冰箱的最下面一層，而對方不知道時，可以改成：**「把這條魚放進冰箱最下面一層的冷凍庫。」**

對方能否確實完成你拜託的事情，取決於請託時文字表達的精準度。為了準確傳達你想要對方執行的動作，請先自行在腦中演練一遍，再把想像的內容具體描述出來。

這裡所說的「動作」，是指跟看見（聽見）、判斷、行動等有關聯性。請託他人做事時，最關鍵的是讓對方看見（聽見）你傳達的訊息。如果在看見（聽見）的階段有所誤解，很容易導致嚴重的錯誤，因此必須更慎重的表達才好。

觀察力訓練 95

## X 請你拉這條繩索。
## O 從四條繩索當中拉起黑色那條。

對方距離自己10公尺遠，而你有事情想拜託他，這時在傳達上有很多需要注意的地方。下面這張圖，你會如何表達？

**「請你拉這條繩索。」**

在對方看得到繩索的情況下，這句話或許還聽得懂。若是在距離很遠處叫對方做事，而對方又看不清，便不知道要拉的是哪條繩索。

即使你手上拿著繩索，為了讓對方理解而拉扯一下，但那條繩索卻跟其他繩索纏繞在一起，導致好幾條繩索一起動，對方更搞不清楚你想要他拉的是哪一條。

就像前面章節提到的一樣，想要對方做的動作，最開頭的關鍵在於「看」這個行為，而且必須具體描述對方應該看哪一條繩索才好。

如果繩索有不同顏色或樣式的話，必須一起加入句中表達：「**從四條繩索當中拉起黑色那條。**」

不過這句話也侷限於只有一條黑色繩索的情況。

請託他人協助實作或處理文件，尤其是跟數據有關的作業時，記得留意對方看到的狀態、到底要聚焦的是哪一個，盡可能避開模稜兩可的描述。

## 觀察力訓練 96

**X 放下來。**

**O 請配合我給的信號，每次放下來10公分。**

針對下圖的狀況，表達時需要注意什麼？

**「放下來。」**

這句話能否傳達出真正的意圖？

假設自己的本意是希望對方慢慢的把貨物放下來，但對方沒有接收到，反而認為只要放下貨物就好，便快速的往下垂降也說不定。

請記住，並非只傳達最後的結果，而是一邊想像對方所看見（聽見）、判斷、行動等行為來表達。

至於「慢慢的放下來」說得也不夠明確。加上副詞「慢慢的」，確實讓這句話稍微完整一點，只是每個人對它的理解不盡然相同。

所以，可以更具體的描述如下：

**「請配合我給的信號，每次放下來十公分。」**

如此一來，不僅能保障貨物的安全性，對方也能聽懂且一點一點放下來。

觀察力訓練 97

## X 懸崖危險。

## O 懸崖距離地面30公尺高，從那裡掉下來會立刻死亡。

呼籲對方注意，也是一種請託。下圖可以參考前一頁的內容，思考如何表達。假設懸崖邊欄杆上掛著「危險」的標示，我想修改文字敘述，好讓看到標示的人知道是什麼狀況和危險。如此一來，應該怎麼表達才好？

**「懸崖危險！」**

光這麼簡單一句，無從知道是什麼東西會發生怎麼樣的危險，尤其不知道那裡有懸崖的人，更加無法理解狀況。

傳達狀況給對方時，重要的是如何精準的想像最糟的結果。最糟會怎麼樣？這個情況從懸崖掉下來就是死亡。為了把這個最慘的結果傳達給對方，再加上懸崖的高度，可描述：「**懸崖距離地面有三十公尺高，從那裡掉下來會立刻死亡。**」

有時也會看到呼籲「**禁止倚靠欄杆**」的標示，這時可以像前面一樣描述如下：

「**若倚靠欄杆，欄杆會從根部倒下，導致人員受重傷。**」

第八章

# 說明書怎麼設計，別人一看就懂

看著家電用品或遊戲機的說明書，卻不知道要從哪個步驟開始操作，接著又不清楚該怎麼做？這正是表達模糊所造成的問題。

## 觀察力訓練 98

**X 以往右繞圈的方向按四個按鈕。**
**O 機器正面有四個按鈕，從左下角按鈕開始，以順時針的方向按按鈕。**

機器的正面有四個按鈕。你能依圖所示，說明這臺機器該如何操作嗎？

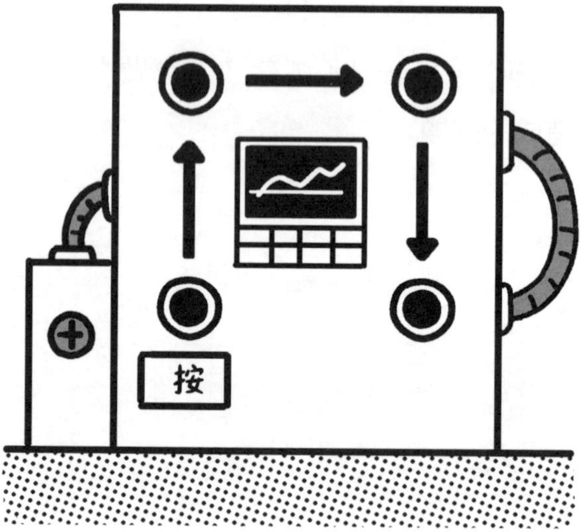

**「以往右繞圈的方向按四個按鈕。」**

這句話真能讓對方了解意思嗎？我想，聽到這句說明的人一定不知道要從哪個按鈕開始，只得隨意按下某個按鈕吧。

為了讓對方立刻進入狀況，以按下按鈕的順序來表達就好。

首先將需要表達的事項條列如下：

「機器的正面有四個按鈕。」

「從左下角的按鈕開始按。」

「以往右繞圈的方向（順時針）按。」

整合以上三句話來表達：**「機器正面有四個按鈕，從左下角按鈕開始，以順時針的方向按按鈕。」**

重點在於，必須清楚標示開始的地方，再根據動作的順序來描述。

## 觀察力訓練 99

### X 轉起螺絲起子，把螺絲釘拴緊。
### O 螺絲起子對準螺絲釘，邊將螺絲起子往下壓的同時往右轉。

下圖呈現的是，用螺絲起子把螺絲釘轉緊。那麼對於沒用過螺絲起子的人，該怎麼跟他說明使用方法？

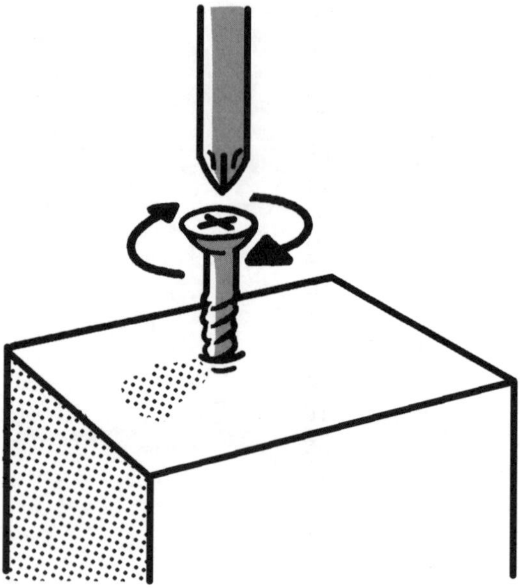

**「轉起螺絲起子，把螺絲釘拴緊。」**

假設對方是第一次使用螺絲起子，這句話真能讓他明瞭嗎？螺絲起子要對準螺絲釘的哪裡？該從哪個方向轉起？

依照螺絲起子拴緊螺絲的順序來描述，會是：

①螺絲起子前端的「十字頭」，對準螺絲釘上的「十字凹槽」。
②螺絲釘跟螺絲起子成一直線。
③一邊把螺絲起子往下壓，一邊往右轉（順時針方向）。

像這樣列出步驟逐一說明也可以。若要用一句話來傳達，則是：**「螺絲起子前端的十字頭對準螺絲釘上的十字凹槽，兩者成為一直線後，一邊把螺絲起子往下壓，一邊往右轉（順時針方向）。」**

自以為理所當然的事情，要傳達給對方明瞭則越困難。對第一次使用的人說明時，千萬不要省略，每一個步驟都須依序傳達。

## 觀察力訓練 100

**X 避開炸彈，從入口到出口要怎麼走才好？**

**O 如何避開放炸彈的地方，從入口走到出口？**

這題稍微有點不太一樣，請看下圖思考怎麼回答。

**「避開炸彈，從入口到出口要怎麼走才好？」**

這樣描述也是可以，但稍嫌草率。盡可能以動作的順序為依據，做更仔細的表達。從這張圖可以得知以下四個要點：

「從入口開始進入。」

「每條道路都有炸彈。」

「不可以經過有炸彈的地方。」

「從出口出去。」

將以上四個要點組合起來描述：「**如何從入口進去，避開放著炸彈的道路，走到出口才好？**」也可以先從整體角度說明，再根據順序來表達，例如：「**如何避開放炸彈的地方，從入口走到出口？**」

要順著每一個步驟來說明，還是先從整體開始介紹、再說明各個步驟？選擇其中一個來表達即可。

## 觀察力訓練 101

**X 一邊跳過石頭，一邊往對岸。**
**O 從這邊到對岸之間共有四塊石頭，依序跳過去就能抵達對岸。**

像下圖一樣，假設你必須把過河的步驟告訴身旁的朋友。該怎麼說明才好？

**「一邊跳過石頭，一邊往對岸。」**

或許光這句描述，對方能夠理解，但是也會有人以為只需要跳過一塊石頭就抵達對岸吧，所以希望可以再更仔細的說明。

先把一條條要素寫出來，會有以下這三項：

「從這邊到對岸之間的河面上共有四塊石頭。」

「從靠近自己的石頭依序跳過去。」

「穿越到對岸。」

接著組合以上句子。一開始先說整體，再把要做的事情描述如下：

「**從這邊到對岸之間共有四塊石頭，依序跳過去就能抵達對岸。**」或是依照每一個順序來表達：「**從靠近自己的岸邊開始跳過每一塊石頭，總共跳過四塊便能抵達對岸。**」

表達順序時，不論用哪種方式，依照你容易說明的就行。

觀察力訓練 102

## X 把A插進B。
## O 將B零件前端的小突起對著A零件大洞中的小洞口，再把B插進A。

下圖是安裝零件時出現的其中一個畫面。請寫出把A插進B的方式，你會如何描述？此外，對方手上有A跟B兩個零件。

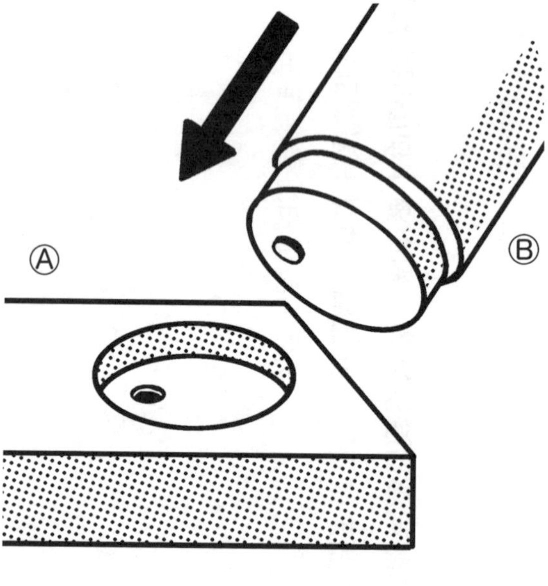

最簡單的描述是「**把A插進B**」，只是如此表達相當粗略，當然不及格。請依照如下要點來看：

「A零件有個大洞，大洞之中還有個小洞。」

「B零件的前端有一個小小突出的物體。」

「把小小突出的物體對準小洞口。」

「在小洞跟突出物體對準的狀態下，把B插進A。」

接著將上述整合說明：「**將B零件前端的小突起對著A零件大洞中的小洞口，再把B插進A。**」

說明順序時，基本上跟「請託」他人時一樣，不只描述想傳達的主要事項，還要依照看見（聽見）、判斷、行動等動作順序為基礎，更仔細的表達。

觀察力訓練 103

**X 每次跳過一個按鈕來按開關。**

**△ 先從最下面的按鈕開始，接著每次跳過一個按鈕來按開關。**

眼前有六個按鈕平均縱向排列。請問該如何告訴手邊有實物的對方，依照箭頭順序來按？

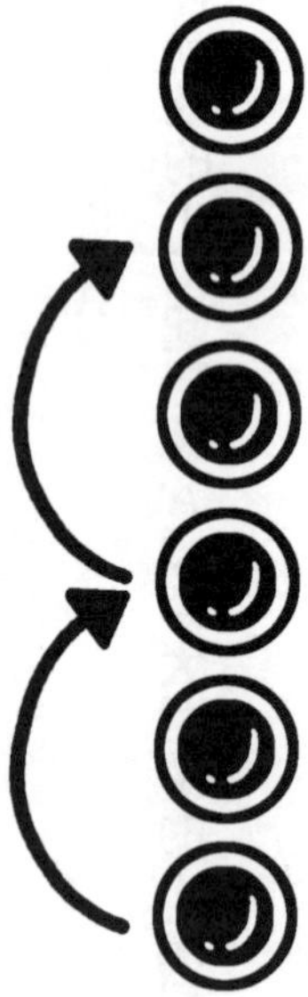

**「每次跳過一個按鈕來按開關。」**

這句話還少了一些說明。

雖能理解要每次跳過一個按鈕來按下開關，卻不知道要從哪個按鈕開始，因此可以調整為：**「先從最下面的按鈕開始，接著每次跳過一個按鈕來按開關。」**

不過這樣表達仍不合格，因為可能有人會聽不懂「跳過一個」是什麼意思。

如此一來，該怎麼辦才好？

假設在每個按鈕上標記數字號碼，並利用那個號碼來形容狀況就可以了。例如：**「假設在每個按鈕設上數字號碼，從下面數上來1、2、3、4、5。按的順序會是1、3、5。」**

運用每個人都知道的標記，再利用標記來表達，對方就能輕易理解你想傳達的內容。

後記
# 菁英必備觀察力，職場生活兩得意

你能說明下面兩句話的差別嗎？

「沒有插電。」

「沒有電。」

沒有插電，是描述人的行為；沒有電，是指狀態。

再進一步說明，因為沒有插電是描述人的行為，所以這句話必須加上人物為主詞，例如：「太郎沒有插電。」

有不少人在原本必須表達「狀態」的時候，把這類狀況描述成「沒有插電」，也就是以人的「行為」來傳達狀況。如此一來，會讓人覺得沒有電都是太郎的錯。

日本人很常省略主詞來對話或寫文章，這麼一來，要區別是狀態還是人的行為，就會變得模稜兩可。

隨著ＡＩ的發展，逐步進入考驗人類思考能力的時代。

為了擁有堅定的想法，首先注意自己的表達方式是否草率馬虎，並從平常就做好心理準備，盡可能減少含糊不清的文字表達。如此一來，接收訊息者在不陷入錯誤思緒的同時，也能有自己正確的判斷。

在職場上，資訊傳達不可或缺，互相交換情報才能讓工作順利運轉。而交換情報最重要的，就是準確表達。

**工作中發生的狀況說明、希望對方做事、提醒和呼籲、執行什麼工作和執行之後的結果，都必須準確的傳達給對方**。就像有人提問，有人必須回答一樣。

為了和他人交流，人們有必要將想說的話精確表達出來。學校安排國文課，其中一個目的就是教學生如何正確的傳達訊息給他人，以及避免使用容易被誤會的表達方式。

然而，現今國文課也包含文法講解、文學與文化研究等內容，使得與精準傳達相關的課程不足。這並不是以學者視角來看，我認為每個人出社會後，都需具備這方面的國文能力。

我希望閱讀這本書的讀者們能意識到文字本身的目的，並檢視自己的表達方式，盡量減少溝通上的錯誤。

最後，感謝經年累月贊同我的觀點，以及耐心等待我確認構想、在編輯上承蒙照顧的日本經濟新聞出版社網野一憲先生、協助編輯的永野裕章先生，在此深表感謝之意。

國家圖書館出版品預行編目（CIP）資料

菁英必備的觀察力：哪裡相同、哪裡不同？看位置、頻率、方向、細節，觀察力提升，立刻成為解決問題高手，交代事情對方秒懂。 / 小倉仁志著；Kagome譯.
-- 初版. -- 臺北市：任性出版有限公司，2024.09
256面；14.8x21公分. --（issue；069）
譯自：「秒」で伝える「観察力×表現力」を鍛える１００のレッスン
ISBN 978-626-7505-02-1（平裝）

1. CST：人際傳播　2. CST：溝通技巧　3. CST：生活指導

177.1　　113008797

issue 069

# 菁英必備的觀察力

哪裡相同、哪裡不同？看位置、頻率、方向、細節，觀察力提升，
立刻成為解決問題高手，交代事情對方秒懂。

作　　者／小倉仁志
內文插圖／柏原昇店
譯　　者／Kagome
特約編輯／連秋香
副 主 編／馬祥芬
副總編輯／顏惠君
總 編 輯／吳依瑋
發 行 人／徐仲秋
會 計 部｜主辦會計／許鳳雪、助理／李秀娟
版 權 部｜經理／郝麗珍、主任／劉宗德
行銷業務部｜業務經理／留婉茹、行銷經理／徐千晴、專員／馬絮盈、
助理／連玉、林祐豐
行銷、業務與網路書店總監／林裕安
總 經 理／陳絜吾

出 版 者／任性出版有限公司
營運統籌／大是文化有限公司
臺北市100衡陽路7號8樓
編輯部電話：（02）23757911
購書相關諮詢請洽：（02）23757911 分機122
24小時讀者服務傳真：（02）23756999
讀者服務E-mail：dscsms28@gmail.com
郵政劃撥帳號：19983366　戶名：大是文化有限公司

法律顧問／永然聯合法律事務所
香港發行／豐達出版發行有限公司
Rich Publishing & Distribution Ltd
香港柴灣永泰道70號柴灣工業城第2期1805室
Unit 1805, Ph.2, Chai Wan Ind City, 70 Wing Tai Rd, Chai Wan, Hong Kong
Tel：21726513　Fax：21724355　E-mail：cary@subseasy.com.hk

封面設計／孫永芳　內頁排版／小草
印　　刷／緯峰印刷股份有限公司
出版日期／2024年9月初版
定　　價／新臺幣390元（缺頁或裝訂錯誤的書，請寄回更換）
I S B N／978-626-7505-02-1
電子書ISBN／9786267505007（PDF）
9786267505014（EPUB）